KB025034

조지아어

기초회화

სასაუბრო ქართული დამწყებთათვის

조지아어 기초회화

초판 발행　2019년 6월 10일
초판 인쇄　2019년 6월 20일

저자　루스단 피르츠칼리바 · 허승철
발행인　서덕일

펴낸곳　도서출판 문예림
주소　경기도 파주시 회동길 366(서패동) (10881)
전화　(02)499-1281~2
팩스　(02)499-1283
홈페이지　http://www.moonyelim.com
전자우편　info@moonyelim.com

출판등록　1962. 7. 12 제2-110호
ISBN　978-89-7482-907-0(13790)

조지아어
기초회화

루수단 피르츠칼라바 · 허승철 공저

📖 문예림

서문

    최근 조지아를 방문하는 사람이 급격히 늘어나고 있다. 2016년 만 해도 3~4천 명이던 한국 방문객 수가 매년 두 배씩 늘어나서 2018년에 만4천 명의 한국 사람이 조지아를 방문했고, 2019년에 는 2만명 이상이 방문할 것으로 예상된다. 조지아는 이미 10년 전 저자가 조지아 겸임대사로 근무하던 시절 일방선언으로 한국 인에 대한 1년 무비자 제도를 실시하여 한국인에게 문호를 활짝 개방했다. 2011년에는 서울에 조지아 대사관이 설립되어 이미 2 대 상주대사 오타르 베르제니쉬빌리 대사가 활발한 외교 활동을 벌이고 있다. 우리도 분관 형태가 아닌 정식 대사관을 하루빨리 개설하여 한국─조지아 관계 증진에 적극 나서야 한다.

    조지아는 남한의 2/3 정도의 면적에 약 370만명이 인구를 가진 비교적 작은 나라이지만, 4세기, 거의 로마와 같은 시기에 기독 교를 국교로 수용하고, 우리 한글보다 천 년 앞서 고유 문자를 만 든 유서 깊은 국가이다. 로마, 페르시아, 오스만 터키, 러시아 등 강대국에 의해 많은 고난을 받아왔으나, 고유의 문자와 언어, 문 화전통을 잃지 않고 보존해 왔고, 고유의 문화의 바탕 위에 다양 한 외국 문화를 수용해 세계에 자랑할 만한 독특한 문화를 만들 어 냈다.

    몇 년 전까지 국내에는 조지아 언어, 문화를 소개하는 자료가 거의 없었다. 그 동안 국내에 조지아를 소개하기 위해 저자는 〈조 지아의 역사〉(편역), 〈호랑이 가죽을 두른 용사〉(번역), 〈코카서스 3 국 문학 산책〉, 〈코카서스 3국 역사와 문화〉를 출간했다. 이번에 조지아를 찾는 여행객들이 유용하게 사용할 수 있는 기초 회화책을 출간하기로 하고, 루스단 피르츠칼라바 양과 같이 책을 만들었다. 인도유럽어족에 속하면서도 독특한 특징을 가지고 있는 조지아어는 한국 사람이 쉽게 배울 수 있는 언어는 아니지만, 슬라브어를 전공한 저자는 하루 빨리 조지아어를 능통하게 구사하는 젊은 인재들이 나오기를 바라고 있다.

조지아 관련 책이 나올 때마다 큰 외교성과로 여기며 감사와 격려를 아끼지 않는 베르제니쉬빌리 주한 조지아 대사와 대사관 직원들에게 사의를 표하고, 세계의 특수 언어 교재와 사전 출판에 큰 힘을 쏟아오신 문예림 서덕일 대표님과 편집진에도 깊이 감사드린다.

2019년 저자

წინასიტყვაობა

უკანასკნელ წლებში საქართველოში უცხოელ ვიზიტორთა რაოდენობა საგრძნობლად გაიზარდა. 2016 წელს კორეელ ტურისტთა რაოდენობა 3-4 ათასს შეადგენდა, 2018 წელს - 14 ათასს, ხოლო 2019 წელს მოსალოდნელია, რომ ეს მაჩვენებელი გაიზრდება და 20 ათასზე მეტი კორეელი ტურისტი ეწვევა ქვეყანას.

ათი წლის წინ, ავტორის, როგორც კორეის რესპუბლიკის არარეზიდენტი ელჩის საქართველოში მუშაობის პერიოდში, ცალმხრივი დეკლარაციით კორეელებისათვის ერთწლიანი უვიზო სისტემა მიიღეს და ამით მათთვის ფართოდ გაიღო ამ ლამაზი და სტუმართმოყვარე სახელმწიფოს კარი.

2011 წელს კორეის რესპუბლიკაში, ქ. სეულში გაიხსნა საქართველოს საელჩო, რამაც მნიშვნელოვნად შეუწყო ხელი ორ ქვეყანას შორის ურთიერთობების განვითარებას სხვადასხვა სფეროში. ელჩი ოთარ ბერძენიშვილი აქტიურად ეწევა დიპლომატიურ საქმიანობას. ვფიქრობ, აუცილებელია, რომ ჩვენც გავხსნათ საქართველოში კორეის საელჩოდა ხელი შევუწყოთ კორეა-საქართველოს ურთიერთობების გაღრმავებას.

საქართველო სამხრეთ კორეასთან შედარებით ორი მესამედით პატარა ქვეყანაა, რომლის მოსახლეობა დაახლოებით 3.7 მილიონს შეადგენს, თუმცა მე-4 საუკუნეში ქრისტიანობა სახელმწიფო რელიგიად მიიღო, კორეულ ალფაბეტთან შედარებით, 1000 წლით ადრე უნიკალური დამწერლობა შექმნა, ბევრი გასაჭირი გადაიტანა რომის, სპარსეთის, ოსმალეთის, თურქეთის, რუსეთისა და სხვა ძლიერი, დიდი ქვეყნებისაგან, შეინარჩუნა ენა, რწმენა და ტრადიციები. თავისი განსაკუთრებული კულტურის პარალელურად მიიღო

და შეითვისა უცხო და შექმნა საკუთარი, უნიკალური კულტურა, რომლითაც მსოფლიო აღტაცებაში მოჰყავს.

წლების განმავლობაში, კორეაში საქართველოს შესახებ ძალიან ცოტა მასალა იყო. საქართველოს გაცნობისათვის ავტორმა რამდენიმე წლის განმავლობაში გამოაქვეყნა წიგნები: „საქართველოს ისტორია"(თარგმანი), „ვეფხისტყაოსანი"(თარგმანი), „გასეირნება სამი ქვეყნის ლიტერატურაში" და „კავკასიის სამი ქვეყნის კულტურა და ისტორია". ამჯერად, ავტორმა გადაწყვიტა გამოეცა სასაუბრო ქართული დამწყებთათვის,რომელიც რუსუდან ფირცხალავასთან ერთად შეადგინა. ეს წიგნი სასარგებლო იქნება კორეელი ტურისტებისათვის. ქართული ენას, რომელიც ეკუთვნის ინდოევროპული ენების ოჯახს, აქვს უნიკალური თვისებები, თუმცა არაა ისეთი ენა, რომელსაც კორეელები ადვილად სწავლობენ. ავტორი, რომლის სპეციალობა სლავური ენაა, იმედოვნებს, რომ მალე გამოჩნდება ნიჭიერი ახალგაზრდები, რომლებიც ქართულად თავისუფლად ისაუბრებენ.

ავტორი მადლობას უხდის საქართველოს ელჩს ბატონ ოთარ ბერძენიშვილსა და საელჩოს წარმომადგენლებს, რომლებიც ყოველთვის, როცა ქართული წიგნი გამოდის განიხილავენ, როგორც დიდ მიღწევას და არ იშურებენ მხარდაჭერას. ასევე დიდ მადლობას უხდის გამომცემლობა „მუნიერიმის" ხელმძღვანელს ბატონ სო დოკ ილსა და გამომცემლობის თანამშრომლებს, რომელთა პროფესიონალიზმითა და ძალისხმევით გამოიცა მსოფლიოს არაერთი უნიკალური ენის სახელმძღვანელო და ლექსიკონი.

차례

조지아어 알파벳 표

알파벳	명 칭	음운	한국어 음운
ა	an (안)	a	ㅏ
ბ	ban (반)	b	ㅂ
გ	gan (간)	g	ㄱ
დ	don (돈)	d	ㄷ
ე	en (엔)	e	ㅔ, ㅐ
ვ	vin (빈)	v	ㅂ'
ზ	zen (젠)	z	ㅈ'
თ	than (탄)	t	ㅌ
ი	in (인)	i	ㅣ
კ	k'an (깐)	k'	ㄲ
ლ	las (라스)	l	ㄹ'
მ	man (만)	m	ㅁ
ნ	nar (나르)	n	ㄴ
ო	on (온)	o	ㅓ, ㅗ
პ	p'ar (빠르)	p'	ㅃ
ჟ	zhan (잔)	zh	ㅈ'
რ	rae (라에)	r	ㄹ
ს	san (산)	s	ㅆ
ტ	t'ar (따르)	t	ㄸ
უ	un (운)	u	ㅜ
ფ	par (파르)	p	ㅍ
ქ	kan (칸)	k	ㅋ
ღ	ghan (간)	gh	ㄱ'
ყ	q'ar (카르)	q'	ㅋ'
შ	shin (신)	sh	ㅅ
ჩ	chin (친)	ch	ㅊ
ც	tsan (찬)	ts	ㅊ'
ძ	dzil (질)	dz	ㅈ'
წ	ts'il (찔)	ts'	ㅉ'
ჭ	tch'ar (짜르)	tch	ㅉ
ხ	khan (칸)	kh	ㅋ'
ჯ	djan (잔)	j	ㅈ
ჰ	hae (하에)	h	ㅎ

조지아어의 언어계통과 특징

조지아어의 계통과 방언

조지아어는 계통분류상 인도유럽어족에 들어가기는 하지만 다른 인도유럽어족의 언어들과 연관성이 적어서 별도의 어군을 이룬다. 조지아어는 조지아의 방언인 스반어, 밍그렐리아어, 라즈어와 함께 카르트벨리어군(Kartelvelian languages)을 이룬다. 스반어(Svan)는 북부 산악 지역에서 쓰이고, 밍그렐리아어(Mingrelian)는 조지아 북서 지역에서 사용되고 라즈어(Laz)는 흑해 연안 지방에서 쓰인다. 조지아어에는 이메레티, 라차-레츠쿠미, 구리아, 아자리아, 이메르케비(터키 지역), 카르틀리, 카케티, 사인길로(아제르바이잔 지역), 투셰티, 케브수레티, 케비, 프사비, 페레이다니(이란 지역), 무티울레티, 메쉬케티 지역 방언이 있다.

조지아어의 특징

조지아어의 첫 번째 특징으로 내세울 수 있는 것은 능(동)격(ergative) 언어라는 점이다. 능격 언어는 목적어가 있는 문장의 주어(능격)와 목적어가 없는 문장의 주어(절대격)가 다르게 나타난다. 후자의 경우 사용되는 절대격은 목적격에도 사용된다. 능격 언어로는 주로 코카서스 지역 언어, 멕시코 지역 원주민 언어, 오스트렐리아의 원주민 언어가 포함된다. 바스크어와 조지아어의 연관성을 주장하는 학자들은 두 언어가 모두 능격 언어라는 점을 근거 중의 하나로 들고 있다.

음성·음운면에서 조지아어는 강세, 억양, 리듬을 갖지만, 강세는 매우 약하다. 조지아어의 특징은 유사한 음성적 성격을 가진 "조화된 다중 자음(harmonic clusters)"이다, 유성음, 유기음(aspirated), 방출음(ejective) 같이 유사한 음성적 성격을 가진 자음군이 한 발성으로 발음된다. 다중 자음은 많은 경우 여섯 개가 겹치기도 한다.

조지아어는 접두사와 접미사가 첨가되어 다양한 문법 범주를 나타내는 교착어(agglutinative)이다. 예를 들어 동사에는 8개까지 접사가 들어갈 수 있는데, 이를 통해 시제, 인칭 등을 표현한다. 명사는 주격, 능격(能格), 여격, 생격(生格), 도구격, 부사격, 호격(呼格) 7격으로 곡용(曲用)된다. 조지아어는 명사, 대명사에 문법적 성(性)이 없다. 조지아어에는 관사가 쓰이지 않는다. 주어나 목적어는 강조나 명확한 지시를 위한 아닌 경우에는 종종 생략된다.

조지아어는 수식어가 수식 대상 앞에 붙는 좌분기(左分枝) (left-branching) 언어이다. 즉 형용사가 명사 앞에, 소유자가 소유 대상 앞에, 목적어가 동사 앞에 온다. 그러나 기능문장 관점에서 문장의 초점(focus)과 화제(topic)에 따라 어순이 변화한다. 즉 목적어에 초점이 올 때는 주어-목적어-동사 어순이, 주어에 초점이 올 때는 주어-동사-목적어 어순을 쓴다. 조지아어 특징 중 수에서 하나는 20진법을 쓰는 것이다. 20에서 100까지의 수를 나타낼 때는 먼저 20단위 수가 나오고 나머지 수가 뒤에 붙는다. 즉 75는 20x3에 15를 붙여서 표현한다. 바스크어도 이러한 특징을 갖기 때문에 두 언어의 연관성을 주장하는 학자들이 자주 인용한다.

조지아어의 역사적 발전기는 고대, 고전, 중세, 현대 시기로 구분된다. 기원전 10세기부터 형성되기 시작한 조지아어는 4세기 기독교가 국교로 수용되고, 조지아어 문자가 고안되면서 고전 황금시대를 맞는다. 고대 조지아어(Early Old Georgian) 시대는 문자 발명 이후 5~8세였고, 9~11세기는 고전 조지아어(Classical Old Goergian) 시대라 불린다. 12~17/18세기는 중세 조지아어(Middle Georgian) 시대, 17/18세기~현재까지는 현대 조지아어(Modern Georgian) 시대로 구분된다.

ა ბ გ დ ე ვ ზ თ

ი კ ლ მ ნ ო პ ჟ

რ ს ტ უ ფ ქ ღ ყ

შ ჩ ც ძ წ ჭ ხ ჯ ჰ

აბგდევზთიკლმნოპჟრსტუფქღყშჩცძწჭხჯჰ

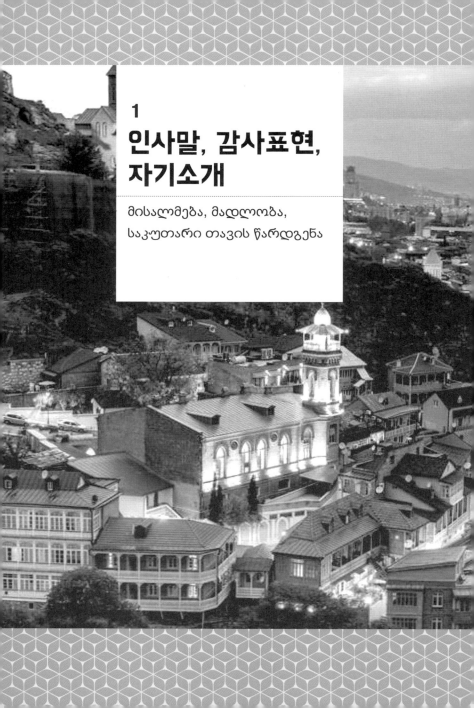

1
인사말, 감사표현, 자기소개

მისალმება, მადლობა,
საკუთარი თავის წარდგენა

인사말 მისალმება

안녕!
Hi!
გამარჯობა!
가마르조바

안녕하세요? (친근한 사이/მეგობრული)
How are you?
როგორ ხარ?
로고르 하르

안녕하세요? (격식을 차린 인사말/ოფიციალური)
How are you?
როგორ ბრძანდებით?
로고르 브르잔데비트

안녕하세요? (처음 만나는 사이/პირველად შეხვედრისას)
How do you do?
გამარჯობა!
가마르조바

만나서 반갑습니다.
Nice to meet you.
სასიამოვნოა თქვენი გაცნობა.
사시아모브노아 트크베니 가츠노바

어떻게 지내세요?
How are you doing?
როგორ ხარ?
로고르 하르

요즘 어떠세요?
How is life?
რას შვრები?
라스 스브레비

건강은 어떠세요?
How is your health? (How are you feeling?)
ხომ ხარ ჯანმრთელად?
홈 하르 잔므르텔라드?
(თავს როგორ გრძნობ?)
(타브스 로고르 그르즈노브?)

좋은 아침입니다.
Good morning!
დილა მშვიდობისა!
딜라 므쉬도비사!

좋은날입니다.
Good day!
დღე მშვიდობისა!
드게 므쉬도비사!

좋은 오후입니다.
Good afternoon!
შუადღე მშვიდობისა!
슈아드게 므쉬도비사!

좋은 저녁입니다.
Good evening!
საღამო მშვიდობისა!
사가모 므쉬도비사!

편한 밤 보내세요.
Good night! (Have a nice evening!)
სასიამოვნო საღამოს გისურვებთ!
사시아모브노 사가모스 기수르웨브트!

안녕히 가십시오.
Goodbye!
კარგად ბრძანდებოდეთ!
까르가드 브르잔데보데트!

안녕! (작별 인사)
Bye!
ნახვამდის!
나크밤디스!

또 만납시다.
See you again!
შეხვედრამდე!
쉐크베드람데!

만나서 반가웠습니다.
It was very nice seeing you.
სასიამოვნო იყო თქვენი გაცნობა.
사시아모브노 이코 트크베니 가츠노바.

감사 표현 მადლობა

감사합니다.(일반적 표현)
Thank you!
მადლობა!
마들로바!

감사합니다.(공손한 표현)
Thank you!
გმადლობთ!
그마들로브트!

대단히 감사합니다.
Thank you very(so) much!
დიდი მადლობა!
디디 마들로바!

고마워.(친근한 사이)
Thanks.
გმადლობ. / მადლობა.
그마들로브. / 마들로바.

천만에요.(공손한 표현)
You're welcome.
არაფრის.
아라프리스.

천만에요.(친근한 사이)
It's OK.(Never mind.)
არაუშავს
아라프리스.

실례합니다.(일반적 표현)
Excuse me.
უკაცრავად. / მაპატიეთ.
우까츠라바드. /   마빠띠에트.

미안합니다(죄송합니다).(일반적 표현)
I am sorry.
მაპატიეთ.
마빠띠에트.

대단히 미안합니다(죄송합니다).
I feel very sorry.
დიდი ბოდიში. / ძალიან ვწუხვარ.
디디   보디시. /   잘리안   브쭈크바르.

사과 드립니다.
I apologize.
ბოდიშს გიხდით.
보디쉬스   기흐디트.

자기소개 საკუთარი თავის წარდგენა

저를 소개하고 싶습니다.
I would like to introduce myself.
მინდა წარმოგიდგინოთ საკუთარი თავი.
민다 짜르모기드기노트 사꾸타리 타위.

내 이름은 ***입니다.
My name is ***.
ჩემი სახელია *.**
체미 샤헬리아 ***.

내 성은 *이고, 이름은 **입니다.
My family name is *, and first name is **
ჩემი გვარია *, ჩემი სახელია **
체미 그바리아 *, 체미 사헬리아 **

나는 한국에서 왔습니다.
I am from South Korea.
მე კორეიდან ვარ.
메 꼬레이단 바르.

나는 관광객입니다.
I am tourist.
მე ტურისტი ვარ.
메 뚜리스띠 와르.

나는 비즈니스맨입니다.

I am businessman.

მე ბიზნესმენი ვარ.

메 비즈네스메니 바르.

당신의 이름은 어떻게 되는지요?

What's your name?

რა გქვია?

라 그크비아?

당신의 직업은 무엇입니까?

What do you do for living?

სად მუშაობ?

사드 무샤어브?

당신은 조지아 어느 지역 출신인지요?

Where are from in Georgia?

საქართველოს რომელი კუთხიდან ხარ?

사카르트벨로스 로멜리 꾸트히단 하르?

어휘 플러스

직업 어휘

პროფესიასთან დაკავშირებული სიტყვები

가이드	გიდი 기디
대학생	სტუდენტი 스뚜댄띠
여대생	სტუდენტი გოგონა 스뚜덴띠 고고나
학생 (중 · 고등학교)	მოსწავლე 모스짜블레
교수	პროფესორი 쁘로페소리
교사	მასწავლებელი 마스짜블레벨리
은행원	ბანკის თანამშრომელი 반끼스 타남스로멜리
기자	ჟურნალისტი 주르날리스띠
웨이터	მწერალი 므제랄리
웨이트레스	ოფიციანტი/მიმტანი ქალი 오피치안띠/미므따니 칼리
여비서	მდივანი ქალი 므디바니 칼리
비즈니스맨	ბიზნესმენი 비즈네스메니
상인	გამყიდველი 감키드벨리
식당주인	რესტორნის მეპატრონე 레스또르니스 메빠뜨로네
변호사	იურისტი / ადვოკატი 이우리스띠 / 아드보까띠
검사	ბრალმდებელი 브랄므데벨리

판사	მოსამართლე 모사마르틀레
공무원	სახელმწიფო მოხელე 사헬므찌포 모헬레
장교	ოფიცერი 오피체리
사병	ჯარისკაცი 자리스까치
통역사	თარჯიმანი / მთარგმნელი 타르지마니 / 므타르그므넬리
예술가	ხელოვანი 헬로와니
음악가	მუსიკოსი 무시꼬시
배우	მსახიობი 므사히오비
여배우	მსახიობი ქალი 므사히오비 칼리

MEMO

Uagra

Abkh

● Ipkhi

2
여행, 관광

მოგზაურობა, ტურიზმი

● Ts'ageri

**Black
Sea**

● Senaki
●Tkibuli
● Kutaisi
●Poti
●Zestafo
Samtredia

●Makharadze

●Kobuleti
Adzharskaya
⍟Batumi

Kura

Akhaltsikh

● Ardahan

입국, 세관 ქვეყანაში შესვლა, საბაჟო

나는 신고할 물품이 없습니다.
I have nothing to declare.
განსაბაჟებელი საქონელი არ მაქვს.
간사바제벨리 사코넬리 아르 마크브스.

나는 신고할 물품이 있습니다.
I have something to declare.
განსაბაჟებელი საქონელი მაქვს.
간사바제벨리 사코넬리 마크브스.

나는 미화 천달러(2천 달러 / 3천 달러)를 가지고 있습니다.
I have one thousand(two thousands / three thousands) US dollars with myself.
მე ათი ათასი (ოცი ათასი / ოცდაათი ათასი) ამერიკული დოლარი მაქვს.
메 아티 아타시 (오치 아타시 / 오츠다아티 아타시) 아메리꿀리 돌라리 마크브스.

나는 한국에서 왔습니다.
I am from South Korea.
მე კორეიდან ვარ.
메 꼬레이단 바르.

나는 관광을 위해 조지아에 왔습니다.

I've come to Georgia for sightseeing.

მე საქართველოში სამოგზაუროდ

메 사카르트벨로시 사모그자우로드

ჩამოვედი.

차모웨디.

나는 사업을 하러 조지아에 왔습니다.

I've come to Georgia for business.

მე საქართველოში ბიზნესისთვის

메 사카르트벨로시 비즈네시스트비스

ჩამოვედი.

차모웨디.

나는 공부하러 조지아에 왔습니다.

I've come to Georgia for study.

მე საქართველოში სწავლისთვის

메 사카르트벨로시 스짜블리스트비스

ჩამოვედი.

차모웨디.

여행

공항은 어디에 있지요?
Where is the airport?
აეროპორტი სად არის?
아에로뽀르띠 사드 아리스?

버스정류장은 어디에 있지요?
Where is the bus station?
ავტობუსის გაჩერება სად არის?
아브또부시스 가체레바 사드 아리스?

택시정류장은 어디에 있지요?
Where is the taxi stop?
ტაქსის გაჩერება სად არის?
따크시스 가체레바 사드 아리스?

매표소는 어디에 있지요?
Where is the ticket office?
სალარო სად არის?
살라로 사드 아리스?

시내까지 어떻게 가나요?
How do I get to the downtown?
როგორ მოვხვდები ქალაქის ცენტრში?
로고르 모브크데비 칼라키스 첸뜨르시?

**시까지 어떻게 가나요?

How do I get to the city **?

** ქალაქში როგორ წავიდე?

** 칼라크시　　　　로고르　　　　짜위데?

** 마을까지 어떻게 가나요?

How do I get to the village **?

** სოფელში როგორ წავიდე?

** 소펠시　　　　로고르　　　　짜위데?

** 호텔까지 어떻게 가나요?

How do I get to Hotel **?

** სასტუმროში როგორ წავიდე?

** 사스뚬로시　　　　로고르　　　　짜위데?

** 극장까지 어떻게 가나요?

How do I get to Theater **?

** თეატრში როგორ წავიდე?

** 테아뜨르시　　　　로고르　　　　짜위데?

여기서 가까운가요?

It is nearby?

აქედან ახლოსაა?

아케단　　　아흘로사아?

여기서 먼가요?

It's far from here?

აქედან შორსაა?

아케단　　　쇼르사아?

걸어서 몇 분(시간) 걸리나요?
How many minutes'(hours') walk?
ფეხით რამდენი წუთი (საათი) სჭირდება?
페히트 람데니 쭈티 (사아티) 스찌르데바?

차로 얼마나 걸리나요?
How many minutes(hours) by car?
მანქანით რამდენი წუთი (საათი) სჭირდება?
만카니트 람데니 쭈티 (사아티) 스찌르데바?

그곳을 지도에서 보여줄 수 있나요?
Can you show me the place on the map?
ეგ ადგილი შეგიძლია რუკაზე მაჩვენო?
에그 아드길리 셰기즐리아 루까제 마츠베노?

나는 **를 찾고 있습니다.
I am looking for **?
მე ** ვეძებ.
메 ** 웨제브.

나는 지금 어디에 있나요?
Where am I now?
ახლა სად ვარ?
아흘라 사드 와르?

이 거리(마을)의 이름은 무엇인가요?
What's this street(village) called?
ამ ქუჩას რა ჰქვია?
암 쿠차스 라 흐크비아?

당신 (집)의 주소는 어떻게 되나요?

What's your address?

თქვენი სახლის მისამართი?

트크웨니 사클리스 미사마르티?

입구가 어디에 있나요?

Where is the entrance?

სად არის შესასვლელი?

사드 아리스 셰사스블레리?

현관 코드는 어떻게 되나요?'

What's the security code?

კარის კოდი რა არის?

까리스 꼬디 라 아리스?

죄송합니다만, **로 가는 길을 가르쳐 주실 수 있는지요?

Excuse me, could you show me the way to **?

მაპატიეთ, შეგიძლიათ მასწავლოთ **

마빠띠에트, 셰기즐리아트 마스짜블로트 **

კენ მიმავალი გზა?

껜 미마발리 그자?

오른쪽으로 가세요.

Turn right.

მარჯვნივ წადით.

마르즈브니브 짜디트.

왼쪽으로 가세요.

Turn left.

მარცხნივ წადით

마르츠흐니브   짜디트.

북쪽(남쪽 / 동쪽 / 서쪽)으로 가세요

Go to the north(south / east / west).

ჩრდილოეთით (სამხრეთით /

츠르딜로에티트   (삼흐레티트 /

აღმოსავლეთით / დასავლეთით) წადით.

아그모사블레티트 /   다사블레티트)   짜디트.

버스 ავტობუსი

죄송합니다만, 매표소가 어디 있나요?
Excuse me, where's the ticket office?
მაპატიეთ, სად არის სალარო?
마빠띠에트, 사드 아리스 살라로?

어디에서 버스표를 살 수 있나요?
Where can I buy a bus ticket?
სად შემიძლია ვიყიდო ავტობუსის
사드 셰미즐리아 위키도 아브또부시스
ბილეთი?
빌레티?

(버스)표 값은 얼마인가요?
How much does the ticket cost?
რა ღირს ავტობუსის ბილეთი?
라 기르스 아브또부시스 빌레티?

나는 티켓 한장(두장 / 세장 / 네장 / 다섯장)을 사려고 합니다.
I want to buy one(two / three / four / five) ticket(s).
მინდა ერთი (ორი / სამი / ოთხი / ხუთი)
민다 에르티 (오리 / 사미 / 오트히 / 후티)
ბილეთი ვიყიდო.
빌레티 위키도.

우리는 **로 가려고 합니다.
We want to go to **.
ჩვენ გვინდა წავიდეთ ** ში.
츠벤 귄다 짜위데트 ** 시.

이 버스는 **까지 가나요?
Does this bus go to **?
ეს ავტობუსი **ში მიდის?
에스 아브또부시 **시 미디스?

버스는 얼마나 자주 오나요?
How often do buses come?
ხშირად მოდის ავტობუსი?
크시라드 모디스 아브또부시?

다음 버스는 언제 출발하나요(오나요)?
What time is the next bus?
რამდენ ხანში მოვა შემდეგი ავტობუსი?
람덴 한시 모바 셰므데기 아브또부시?

마지막 버스는 언제 출발하나요?
What time is the last bus?
ბოლო ავტობუსი როდის გადის?
볼로 아브또부시 로디스 가디스?

첫 버스는 언제 출발하나요?
What time is the first bus?
პირველი ავტობუსი როდის გადის?
삐르웰리 아브또부시 로디스 가디스?

어디에서 하차해야 되는지 알려주세요.
Please tell me where to get off.
გთხოვთ, მითხრათ, სად უნდა ჩამოვიდე.
그트코브트, 미트흐라트, 사드 운다 차모위데.

언제 우리는 **에 도착하나요?

Can you tell me when we get to **

**ში როდის ჩავალთ?

**시   로디스   차왈트?

여기가 어디인가요?

Can you tell me where we are now?

შეგიძლიათ მითხრათ, ახლა სად ვართ?

셰기즐리아트   미트흐라트,   아흘라   사드   와르트?

기차 მატარებელი

나는 바투미로 가는 기차표 두 장을 사고 싶습니다.
I want to buy two train tickets to Batumi
მე მინდა ვიყიდო 2 ბილეთი ბათუმის
메 민다 위키도 오리 빌레티 바투미스
მიმართულებით.
미마르툴레비트.

기차표 값은 얼마인가요?
How much is the ticket?
რა ღირს მატარებლის ბილეთი?
라 기르스 마따레블리스 빌레티?

기차는 언제 출발하나요?
When does the train depart?
როდის გადის მატარებელი?
로디스 가디스 마따레벨리?
목적지까지 몇 시간 걸리나요?
How many hours to **?
რა დრო სჭირდება ** მდე?
라 드로 스찌르데바 ** 므데?

택시 ტაქსი

나는 **로 가고 싶습니다.
I want to go to **
მე მინდა წავიდე **მდე.
메 민다 짜위데 **므데.

요금은 얼마이지요?(택시 타기 전)
How much is the fare?
რა ღირს?
라 기르스?

요금으로 얼마를 드려야 하지요?(택시에서 내릴 때)
How much do I owe you?
რამდენი უნდა გადაგიხადოთ?
람데니 운다 가다기카도트?

계속 가세요.
Please keep going.
გააგრძელეთ.
가아그르젤레트.

여기 세워주세요.
Please stop here.
გთხოვთ, აქ გააჩერეთ.
그트코브트, 아크 가아체레트.

잠시만 여기서 기다려 주세요.
Please wait for a minute here.
გთხოვთ, ცოტა ხნით აქ დამელოდეთ.
그트코브트, 초따 크니트 아크 다멜로데트.

조금만 더 가세요.
Please a little further.
ცოტა კიდევ წადით.
초따 끼데브 짜디트.

오른쪽으로 돌아주세요.
Turn right.
მარჯვნივ შეუხვიეთ.
마르즈브니브 셰우크비에트.

왼쪽으로 돌아주세요.
Turn left.
მარცხნივ შეუხვიეთ.
마르츠흐티브 셰우크비에트.

이 차를 같이 타고 **까지 갈 수 있을까요?(hitchhiking)
Can I go with you to **?
შეიძლება ამ მანქანით ** მდე ერთად
셰이즐레바 암 만카니트 ** 므데 에르타드
წავიდეთ?
짜위데트?

카렌트 მანქანის ქირაობა

어디서 카렌트를 할 수있나요?
Where can I rent a car?
სად შეიძლება მანქანა ვიქირაო?
사드 셰이즐레바 만카나 위키라오?

여기서 차를 렌트할 수 있나요?
Can I rent a car here?
აქ მანქანის დაქირავება შეიძლება?
아크 만카니스 다키라웨바 셰이즐레바?

하루에 렌트비가 얼마인지요?
How much does it cost per day?
ერთი დღით ქირაობა რა ღირს?
에르티 드기트 키라오바 라 기르스?

보험은 들어있나요?
Is insurance included?
დაზღვეულია?
다즈궤울리아?

저는 국제면허증이 있습니다.
I have an international driver's license.
მე მაქვს საერთაშორისო მართვის მოწმობა.
메 마크브스 사에르타셔리서 마르튀스 모쯔모바.

자전거를 빌릴 수 있나요?

Can I rent a bicycle?

შეიძლება ველოსიპედი ვიქირაო?

셰이즐레바　　　벨로시뻬디스　　　위키라오?

주유소가 어디 있나요?

Please tell me where the gas station is.

სად არის ბენზინგასამართი სადგური?

사드　　아리스　　벤진가사마르티　　　　　산구리?

기름을 가득 채워주세요.

Fill her up.

ბენზინით ბოლომდე გაავსეთ.

벤지니트　　　　볼로므데　　　　가아브세트.

기름을 **라이 어치 채워주세요.

Please give me gasoline worth of **.

ლარისბენზინიჩაასხით.

**라리 벤지 니 차아스키트.

기름을 **리터 채워주세요.

Please give **litres of gasoline.

ლიტრა ბენზინი ჩაასხით.

**리트라　　　　벤지니　　　차아스키트.

저를 도와주세요.

Please help me.

გთხოვთ, დამეხმაროთ.

그트코브트　　　다메크마로트.

내 차가 고장났습니다.
My car has broken down.
ჩემი მანქანა დაზიანდა.
체미 만카나 다지안다.

오일(냉각수)을 체크해 주세요.
Please check the oil(water).
გთხოვთ, შეამოწმოთ ზეთი (წყალი).
그트코브트, 셰아모쯔모트 제티 (쯔칼리).

타이어 공기를 체크해 주세요.
Please check tyre pressure.
გთხოვთ, შეამოწმოთ საბურავის წნევა.
그트코브트, 셰아모쯔모트 사부라위스 쯔네와.

타이어가 펑크났습니다.
I have a flat tyre.
საბურავი გასკდა.
사부라위 가스끄다.

배터리가 방전됐습니다.
The battery is flat.
ელემენტი დაჯდა.
엘레멘띠 다즈다.

엔진이 과열됐습니다.
The engine is overheating.
ძრავა გადახურდა.
즈라바 가다후르다.

라디에이터가 고장났습니다.

The radiator is leaking.

რადიატორი გაფუჭდა

라디아또리   가푸쯔다.

연료가 없습니다.

I've run out of petrol(gasoline).

საწვავი გამითავდა.

사쯔와위   가미타브다.

관광 ტურიზმი

관광 안내소가 어디인가요?
Where is the Tourist Information Center?
სად არის ტურისტული საინფორმაციო ცენტრი?
사드 아리스 뚜리스뚤리 사인포르마치오 첸뜨리?

이 지역 지도를 가지고 있나요?
Do you have a local map?
ამ ადგილის რუკა გაქვთ?
암 아드길리스 루까 가크브트?

이 지역 지도를 얻을 수있나요?
Can I have a local map?
ამ ადგილის რუკის შეძენა შესაძლებელია?
암 아드길리스 루끼스 셰제나 셰사즐레벨리아?

나는 관광을 가고 싶습니다.
I want to go on an excursion
ღირსშესანიშნაობების
기르스셰사니스나오베비스
დასათვალიერებლად მინდა წასვლა.
다사트바리엘레블라드 민다 짜스블라.

나는 시내 관광을 하고 싶습니다.

I want to go on a city tour.

მინდა ქალაქის ღირსშესანიშნაობები

민다   칼라키스   기르스셰사니스나오베비

დავათვალიერო.

다바트발리에로.

관광할 만한 곳을 추천해 주십시오.

Could you recommend me famous places to visit?

მირჩიეთ ცნობილი ადგილები

미르치에트   츠노빌리   아드길레비

დასათვალიერებლად.

다사트바리엘레블라드.

관광 가이드를 소개해 주십시오.

Please send me a tour guide.

გთხოვთ, გიდი გამაცნოთ.

그트코브트,   기디   가마츠노트.

영어 관광 가이드를 소개해 주십시오.

Please send me a English-speaking tour guide.

გთხოვთ, ინგლისურენოვანი გიდი

그트코브트,   인글리수르에노바니   기디

გამაცნოთ.

가마츠노트.

**성당이 어디 있나요?

Where is **cathedral?

** ტაძარი სად არის?

** 따자리   사드   아리스?

**박물관이 어디 있나요?

Where is **museum

** მუზეუმი სად არის?

** 무제우미   사드   아리스?

입장료는 얼마인가요?

How much is the entry fee?

რა ღირს შესვლა?

라   기르스   셰스블라?

이곳은 몇시까지 문을 여나요?

Until what time this place is open?

ეს ადგილი რომელ საათამდეა ღია?

에스 아드길리   로멜   사아탐데아   기아?

여기서 사진을 찍어도 되나요?

Can I take photographs here?

აქ სურათის გადაღება შეიძლება?

아크 수라티스   가다게바   셰이즐레바?

내 사진 좀 찍어주시겠습니까?

Could take pictures for me?

შეგიძლიათ სურათი გადამიღოთ?

셰기즐리아트   수라티   가다미고트?

기념품 가게는 어디에 있나요?

Where is a souvenir shop?

სად არის სუვენირების მაღაზია?

사드   아리스   수웨니레비스   마가지아?

골동품 가게는 어디에 있나요?
Where is an antique shop?
სად არის ანტიკვარიატის მაღაზია?
사드 아리스 안띠꽈리아띠스 마가지아?

그림은 어디에서 살 수 있나요?
Where can I buy pictures?
სად შეიძლება ნახატების ყიდვა?
사드 셰이즐레바 나하떼비스 키드바?

MEMO

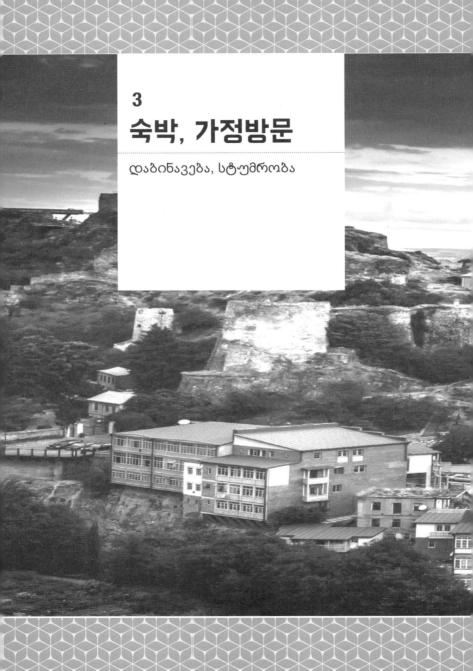

3

숙박, 가정방문

დაბინავება, სტუმრობა

호텔 სასტუმრო

이 호텔에 방을 하나 잡을 수 있는지요?
I need a room in your hotel.
ამ სასტუმროში ოთახის ქირაობა
트크벤스 사스뚜므로시 오타히스 카라오바
შესაძლებელია?
셰사즐레벨리아?

방을 하나 예약하고 싶습니다.
Can I make a reservation in your hotel?
ოთახის დაჯავშნა მინდა.
오타히스 다자브스나 민다.

신용카드를 받나요?
Can I pay with my credit card.
საკრედიტო ბარათით გადახდა
사크레디또 바라티트 가다크다
შესაძლებელია?
셰사즐레벨리아?

방을 볼 수 있을지요?
Can I see the room?
შეიძლება ოთახი ვნახო?
셰이즐레바 오타히 브나호?

방 번호가 어떻게 되나요?
What is the room number?
ოთახი რა ნომერია?
오타히 라 노메리아?

아침이 포함되어 있나요?
Is breakfast included?
საუზმე შედის?
사우즈메 셰디스?

몇 시에 체크아웃 해야 하나요?
What time do I have to check out?
რომელ საათზე უნდა გავეწერო?
로멜 사아트제 운다 가웨쩨로?

하루에 방 값이 얼마인가요?
What is your room rate?
How much is the room per day?
რა ღირს ოთახი ერთი დღით?
라 기르스 오타히 에르티 드기트?

나는 1인실을 원합니다.
I'd like a single room.
ერთოთახიანი მინდა.
에르트오타히아니 민다.

나는 2인실을 원합니다.
I'd like a double room.
ოროთახიანი მინდა.
오르오타히아니 민다.

오늘(내일) 체크아웃 하겠습니다.
We are checking out today(tomorrow).
დღეს (ხვალ) გავეწერები.
드게스 (크발) 가웨쩨레비.

방 값을 지불하겠습니다.

I'll pay the bill.

ოთახის საფასურს გადავიხდი.

오타히스 　　사파수르스 　　가다위크디.

여행자 수표로 지불해도 되나요?

Can I pay with a travelers' check?

შეიძლება გადავიხადო ტურისტული

셰이즐레바 　　　가다위카도 　　　뚜리스뚤리

ჩეკით?

체끼트?

현금으로 지불하겠습니다.

I will pay the cash.

ნაღდი ფულით გადავიხდი.

나그디 　　풀리트 　　　가다위크디.

신용카드로 지불해도 되나요?

Can I pay with a credit card?

შეიძლება გადავიხადო საკრედიტო

셰이즐레바 　　　가다위카도 　　　　사끄레디또

ბარათით?

바라티트?

영수증을 받고 싶습니다.

Could I have a receipt?

თუ შეიძლება ქვითარი მომეცით.

투 　셰이즐레바 　　크위타리 　　　모메치트.

내 짐을 여기 맡겨 놓아도 될까요?

Can I leave my luggage here?

შეიძლება ბარგი აქ დავტოვო?

셰이즐레바　　바르기　　아크 다브또보?

인터넷 ინტერნეტი

방에는 wifi가 되나요?
I have wifi service in my room?
ოთახში უკაბელო ინტერნეტი არის?
오타흐시 우까벨로 인떼르네띠 아리스?

여기 파롤과 비밀 번호는 어떻게 되나요?
What is the id and secret code here?
მითხარით აიდი და პაროლი?
미트카리트 아이디 다 빠롤리?

나는 이메일을 보내고 싶습니다.
I would like to send an e-mail.
ელექტრონული ფოსტის გაგზავნა მინდა.
엘레크뜨로눌리 포스띠스 가그자브나 민다.

나는 이메일을 체크하고 싶습니다.
I would like to check my e-mail.
ელექტრონული ფოსტის შემოწმება მინდა.
엘레크뜨로눌리 포스띠스 셰모쯔메바 민다.

인터넷 카페가 어디 있나요?
Where is a local internet café?
სად მდებარეობს იმტერნეტ კაფე?
사드 므데바레오브스 인떼르네뜨 까페?

민박 კერძო საცხოვრებელი

방을 하나 빌릴 수 있을까요?
Can I rent a room in your house?
შეიძლება ოთახი ვიქირაო?
셰이즐레바 오타히 위키라오?

당신 집에서 하룻밤 묵을 수 있을까요?
Can I stay one night in your house?
შეიძლება თქვენს სახლში ერთი ღამით დავრჩე?
셰이즐레바 트크벤스 사클시 에르티 가미트 다브르체

아파트를 하나 일주일 간 빌릴 수 있을까요?
Can I rent a flat for a week?
შეიძლება ერთი კვირით ბინა ვიქირაო?
셰이즐레바 에르티 끄위리트 비나 위키라오?

어휘 플러스 숙박, 가정 관련 어휘
ბინა, სახლთან დაკავშირებული ლექსიკა

침대	საწოლი 사쪼리
베개	ბალიში 발리시
이불	საბანი 사바니
침대보	ზეწარი 제짜리
매트리스	ლეიბი 레이비
서랍장	კომოდი 꼬모디
옷장	ტანსაცმლის კარადა 딴사츠믈리스 까라다
거울	სარკე 사르께
소파	დივანი 디와니
전기난로	დენის გამათბობელი 데니스 가마트보벨리
난로(라디에이터)	გამათბობელი 가마트보벨리
전등	ნათურა 나투라
램프	ლამპა 람빠
스위치	ჩამრთველი 참르트벨리
콘센트	როზეტი 로제띠
커피포트	ყავადანი 카바다니
텔레비전	ტელევიზორი 뗄레비저리

3. 숙박, 가정방문

커튼	ფარდა 파르다
마루	იატაკი 이아따끼
양탄자	ხალიჩა 할리차
책장	წიგნების კარადა
	찌그네비스　까라다
벽시계	კედლის საათი
	께들리스　사아티
액자	ჩარჩო 차르초
자명종	მაღვიძარა 마그비자라
선풍기	ვენტილატორი 벤띨라또리
에어컨	კონდენციონერი 껀댄치오네리

초대와 가정 방문 სახლში მიპატიჟება და სტუმრობა

초대해 주셔서 감사합니다.
Thank you very much for your invitation.
მადლობა დაპატიჟებისათვის.
마들로바 다빠띠제비사트비스.

집이 아름답습니다.
You have a nice and cozy house.
ლამაზი სახლი გაქვთ.
라마지 사클리 가크브트.

가족이 모두 몇 명인가요.
How many members do you have in the family?
ოჯახში სულ რამდენი წევრია?
오자흐시 술 람데니 쩨브리아?

저희는 작은 선물을 가져왔습니다.
I have brought a small gift for you.
მცირე საჩუქარი მოგიტანეთ.
므치레 사추카리 모기따네트.

이것은 한국의 민예품(인형)입니다.
This is a (traditional) Korean folk craft(doll).
ეს (ტრადიციული) კორეული
에스 (뜨라디치울리) 꼬레울리
ხელოვნების ნიმუშია (თოჯინაა).
헬로브네비스 니무시아 (토지나아).

꽃을 선물해 드리고 싶습니다.
I'd like to present with flowers.
მინდა ყვავილები გაჩუქოთ.
민다 크바빌레비 가추코트.

음식이 모두 아주 맛있습니다.
All dishes are very delicious.
ყველა კერძი ძალიან გემრიელია.
크벨라 께르지 잘리안 겜리엘리아.

음식을 참 잘 하십니다.
You cooked all dishes wonderfully.
ძალიან გემრიელ კერძებს ამზადებთ.
잘리안 겜리엘 께르즈엡스 암자뎁트.

이제 더 못 먹겠습니다.
I am full/I can't eat any more
მეტს ველარ შევჭამ / დავნაყრდი.
메뜨스 베가르 셰브짬 / 답나크르디.

저는 다이어트 중입니다.
I am on a diet.
დიეტაზე ვარ.
디에따제 바르.

저는 술을 마시지 못합니다.

I don't drink alcoholic beverages.

ალკოჰოლს ვერ ვსვამ.

알코홀스   베르   브스밤.

저는 채식주의자입니다.

I am vegetarian.

მე ვეგეტარიანელი ვარ.

메   베게따리아넬리   바르.

MEMO

4

식당, 음식

რესტორანი, საკვები

식당 რესტორანი

근처에 좋은 레스토랑 추천해주십시오.

Could you recommend me good restaurants nearby?

გთხოვთ, უახლოესი კარგი რესტორნი

그트코브트, 우아클로에시 까르기 레스또라니

მირჩიოთ.

미르치오트.

조지아 전통 음식을 잘하는 레스토랑을 추천해주십시오.

Could you recommend me restaurants with traditional Georgian cuisine?

გთხოვთ, მირჩიოთ რესტორანი,

그트코브트, 미르치오트 레스또라니,

სადაც ქართული ტრადიციული კერძებს

사다츠 카르툴 뜨라디치울 께르제브스

კარგად ამზადებენ.

까르가드 암자데벤.

맥도날드가 어디에 있는지 알려주십시오.

Could you show me the way to a Macdonalds?

გთხოვთ, მიმასწავლოთ სად არის

그트코브트, 미마스짜블로트 사드 아리스

მაკდონალდსი.

마끄도날드씨.

샌드위치 가게를 알려주십시오.

Please show me the way to a sandwich shops.

გთხოვთ, მიმასწავლოთ სად არის

그트코브트, 미마스짜블로트 사드 아리스

სენდვიჩის მაღაზია.

센드위치스 마가지아.

네 사람이 식사할 테이블이 있나요?

Do you have a table for four?

გაქვთ მაგიდა ოთხი ადამიანისთვის?

가크브트 마기다 오트히 아다미아니스트비스?

메뉴를 보여주십시오.

Can I see your menu?

მენიუ თუ შეიძლება.

메이우 투 셰이즐레바.

영어로 된 메뉴가 있나요?

Do you have a menu in English?

გაქვთ მენიუ ინგლისურ ენაზე?

가크브트 메이우 인글리수르 에나제?

이 식당이 잘하는 음식은 무엇인가요?

What special dishes do you have?

ამ რესტორნის საუკეთესო კერძი

암 레스또르니스 사우께테소 께르지

რომელია?

로멜리아?

좋은 음식을 추천해주세요.
What do you recommend?
გთხოვთ, მირჩიეთ გემრიელი კერძი.
그트코브트, 미르치에트 겜리엘리 께르지.

이(저) 음식은 무엇인가요?
What is this(that)?
ეს (ის) რა კერძია?
에스 (이스) 라 께르지아?

음료로는 광천수를 마시고 싶습니다.
I want to try a local mineral water.
მინდა მინერალური წყალი დავლიო.
민다 미네랄루리 쯔칼리 다블리오.

보르조미를 마시고 싶습니다.
I want to try Borjomi.
ბორჯომი მინდა დავლიო.
보르조미 민다 다블리오.

나는 **를 먹고 싶습니다.
I'd like try **.
** მინდა ვჭამო.
** 민다 브짜모.

이곳의 좋은 레드 와인(화이트 와인)을 마시고 싶습니다.
Could you bring us a good red wine?
კარგი წითელი (თეთრი) ღვინო მინდა დავლიო.
까르기 찌텔리 (테트리) 그비노 민다 다블리오.

이 접시(잔)을 바꿔주세요.

Please change this plate(glass).

გთხოვთ, ეს თეფში(ჭიქა) გამოცვალოთ.

그트코브트, 에스 테프시(찌카) 가모츠발로트.

한 사람 자리를 새로 마련해주세요.

Another place setting, please.

გთხოვთ, მოამზადოთ ადგილი ერთი

그트코브트, 모아므자도트 아드길리 에르티

ადამიანისთვის.

아다미아니스트비스.

우리는 음식을 오래 기다렸습니다.

We've been waiting for a long time.

ჩვენ დიდხანს ველოდებოდით კერძს.

츠벤 디드한스 벨로데보디트 께르즈스.

나는 이 음식을 좋아합니다.

I love this dish!

ეს კერძი მიყვარს.

에스 께르지 미크바르스.

음식이 아주 맛있습니다.

The meal was delicious.

ძალიან გემრიელი კერძია.

잘리안 게므리엘리 께르지아.

주방장께 감사의 말씀 전해주세요.

Compliments to the chef!

მზარეულს მადლობა გადაეცით.

므자레울스 마들로바 가다에치트.

이 음식이 너무 뜨겁습니다.

This dish is too hot.

ეს კერძი ძალიან ცხელია.

에스 께르지   잘리안   츠켈리아.

이 음식이 식었습니다. 데워주세요.

This dish's got cold. Please warm(heat) it up.

ეს კერძი გაცივდა, თუ შეიძლება

에스 께르지   가치브다,   투   셰이즐레바

გააცხელეთ.

가아츠켈레트.

계산서를 가져오세요.

Could we have the bill?

გთხოვთ, ანგარიში მომიტანეთ.

그트코브트,   안가리시   모미따네트.

팁은 계산서에 포함되어 있나요?

Is service included in the bill?

მომსახურება ანგარიშში შედის?

몸사후레바   안가리스시   셰디스?

팁은 별도로 내야 하나요?

Should I pay service separately?

მომსახურების ცალკე უნდა

몸사후레비스   찰께   운다

გადავიხადო?

가다위카도?

어휘 플러스

식당 관련 어휘
რესტორანი

레스토랑(고급)	რესტორანი 레스또라니
식당(일반)	სასადილო 사사딜로
바	ბარი 바리
부페	ბუფეტი부페띠
카페	კაფე 까페
셀프서비스	თვითმომსახურება 트위트몸사쿠레바
음료	სასმელები 사스멜레비
샐러드	სალათი 살라티

양념과 식기 어휘 სანელებელი, ჭურჭელი

후추	შავი პილპილი 샤위 삘삘리
소금	მარილი 마릴리
꿀	თაფლი 타플리
숫가락	კოვზი 꼬브지
티수푼	ჩაის კოვზი 차이스 꼬브지
젓가락	ჩხირები 츠히레비
포크	ჩანგალი 찬갈리
나이프	დანა 다나
잔, 컵	ჭიქა 찌카
작은 잔	პატარა ჭიქა 빠따라 찌카
글래스	ჭიქა (მინის) 찌카 (미니스)
접시	თეფში 테프시
작은 접시	ლამბაქი 람바키
재떨이	საფერფლე 사페르플레
냅킨	ხელსახოცი 켈사코치
식탁보	მაგიდის გადასაფარებელი 마기디스 가다사파레벨리

어휘 플러스

식품 관련 어휘
პროდუქტი

빵	პური 뿌리
버터	კარაქი 까라키
치즈	ყველი 크벨리
달걀	კვერცხი 끄베르츠히
밀가루	ფქვილი 프퀼리
쌀	ბრინჯი 브린지
햄	შაშხი 샤스키
소시지	სოსისი 소시시
감자	კარტოფილი 까르또필리
우유	რძე 르제
설탕	შაქარი 샤카리
소금	მარილი 마릴리
초코렛	შოკოლადი 쇼꼴라디
요구르트	იოგურტი 이오구르띠

조지아 음식 ქართული კერძები

수프 წვნიანი 쯔브니아니

하르초(kharcho) ხარჩო
: 고기와 쌀로 만든 수프. 후추를 다량으로 넣어 매콤함

하시(khashi) ხაში

고미(ghomi) ღომი

빵 პური 뿌리

므짜디(Mchadi) მჭადი 옥수수로 만든 빵

하짜뿌리(khachapuri) ხაჭაპური

술구니(sulguni)
: 치즈와 달걀 등을 가운데 넣어 화덕에 구운 빵. 조지아식 피자로 볼 수 있음

이메룰리(imeruli) იმერული
: 이메룰리 치즈로 만든 가정식 빵. 이메레티 지방에서 유래됨

아츠마(achma) აჩმა
: 밀가루반죽, 치즈, 버터를 여러 층으로 쌓아 만든 음식. 라자냐(lasagna)와 유사. 아자라(Ajara) 지방에서 유래됨

아자룰리(ajaruli) აჭარული
: 아자라 지방에서 유래한 빵으로 이메렐리와 유사하나 가운데 달걀을 넣음

페노와니(penovani) ფენოვანი
: 조지아 전통 음식 하짜뿌리의 종류. 치즈로 만듬.

로비아니 (Lobiani) ლობიანი
: 하짜뿌리의 종류, 치즈 대신 밭으로 만듬.

육류

ხორცეული 호르체울리

힌깔리(khinkali) ხინკალი

므츠바디(mtsvadi) მწვადი

: 소고기나 양고기를 쇠꼬챙이에 끼어 장작불에 구워낸 고기. 코카사스와 옛소련 지역에 널리 퍼진 음식으로 샤실릭으로 불림

사치비(satsivi) საცივი

: 칠면조(때로는 닭고기)를 큰 조각으로 썰어 옥수수 가루, 호두 가루 등을 곁들여 구워냄.

바스쭈르마(batsurma) ბასტურმა

: 공기에 건조시킨 소고기를 얇은 두께로 썰어 구워냄.

차카풀리 (chakapuli) ჩაქაფული : 양고기스튜

차호흐빌리(chakhokhbili) ჩახოხბილი : 닭고기스튜

생선 თევზეული 테브제울리

기타

სხვა 스크바

차나히(chanakhi) ჩანახი : 토마토를 통째로 작은 옹기에 구운 요리

디저트

დესერტი 데세르띠

마초니(machoni) მაწონი : 조지아식 요구르트

추르추헬라 (churchukhela) ჩურჩხელა : 포도와 호두로 만든사탕

고지나키(gozinaki) გოზინაყი : 호두에 꿀과 설탕을 부어 만듦

4. 식당, 음식

MEMO

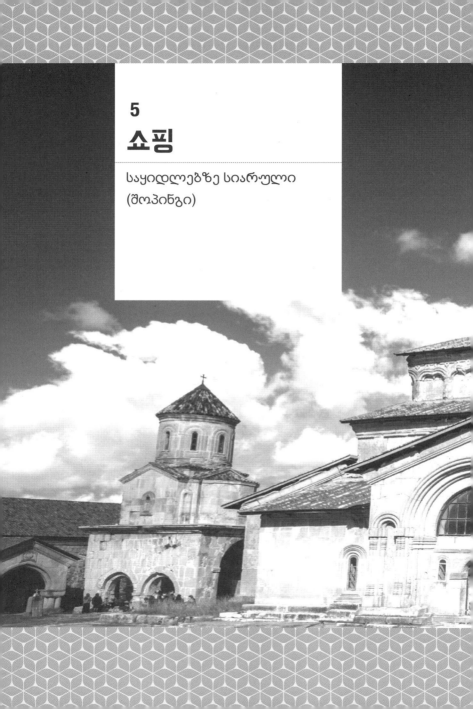

5
쇼핑

საყიდლებზე სიარული
(შოპინგი)

나는 **을 사고 싶습니다.
I'd like to buy **.
მინდა ** ვიყიდო
민다 ** 비키도.

어디에서 **을 살 수 있습니까?
Where can I buy **?
სად შეიძლება ** ყიდვა?
사드 셰이즐레바 ** 키드바?

근처에 쇼핑몰(백화점)이 있습니까?
Is there a shopping mall(department store) nearby?
უახლოესი სავაჭრო ცენტრი
우아클로에시 사와쯔로 첸뜨리
(უნივერმაღი) სად არის?
(우니베르마기) 사드 아리스?

근처에 시장이 있나요?
Is there a traditional market nearby?
უახლოესი ბაზარი არის?
우아클로에시 바자리 아리스?

여기서 **를 파나요?
Do you have(sell) **?
აქ ** ყიდით?
아크 ** 키디트?

**를 보여주세요.
Please show me **.
** მაჩვენეთ.
** 마츠벤네트.

이것은 얼마지요?
How much does it cost?
ეს რა ღირს?
에스 라 기르스?

너무 비쌉니다.
It's too expensive.
ძალიან ძვირია.
잘리안 즈비리아.

좀 깎아줄 수 있나요?
Can you make a discount?
შეგიძლიათ ცოტა დამიკლოთ?
셰기즐리아트 초따 다미끌로트?

이것을 사겠습니다.
Ok, I'll take it.
ამას ვიყიდი.
아마스 비키디.

나는 보기만 할 것입니다.
I am just looking at.
მხოლოდ დავათვალიერებ.
므홀로드 다와퇄리에레브.

도와주셔서 감사합니다.
Thank you for your help(service)
მადლობა დახმარებისთვის.
마들로바   다크마레비스트비스.

이것을 포장해주세요.
Please wrap it.
გთხოვთ, ეს შემიფუთეთ.
그트코브트,   에스 셰미푸테트.

영수증을 주세요.
Could I have a receipt, please?
გთხოვთ, ქვითარი მომეცით.
그트코브트,   크비타리   모메치트.

신용카드를 받나요?
Do you take a credit card?
საკრედიტო ბარათს იღებთ?
사끄레디또   바라트스   이게브트?

달러(유로)를 받나요?
Do you take US dollars(Euros)?
დოლარს (ევროს) იღებთ?
돌라르스   (에브로스)   이게브트?

어휘 플러스

장신구와 의류 관련 어휘
აქსესუარი, ტანსაცმელი

귀걸이	საყურე 사쿠레
목걸이	ყელსაბამი 켈사바미
반지	ბეჭედი 베쩨디
브로치	გულსაბნევი 굴사브네비
모자	ქუდი 쿠디
썬캡	მზის ქუდი 므지스 쿠디
청바지	ჯინსი 진시
스타킹	გრძელი წინდა (ჩულქი) 그르젤리 찐다 (출키)
점퍼	პულოვერი 뿔로베리
자켓	პიჯაკი 삐자끼
코트	პალტო 빨또
등산복	სამთო ტანსაცმელი 삼토 딴사츠멜리
셔츠	მაისური / პერანგი 마이수리 / 뻬린기
스웨터	სვიტერი 스위떼리
수영복	საცურაო კოსტიუმი 사추라오 꼬스띠우미
속옷	საცვალი 사츠발리
팬티	შარვალი 샤르발리

브라	ლიფი	리피
양말	წინდა	친다
장갑	ხელთათმანი	헬타트마니
샌들	სანდალი	샨달리
운동화	სპორტული ფეხსაცმელი (ბოტასი) 스뽀르뚤리　　　페흐사츠멜리　　(보따시)	
구두	ტყავის ფეხსაცმელი 뜨카비스　페흐사츠멜리	
등산화	სამთო ფეხსაცმელი 삼토　　페흐사츠멜리	
여자구두	მაღალქუსლიანი ფეხსაცმელი 마갈쿠슬리아니　　　　페흐사츠멜리	
부츠	ჩექმები 체크메비	
여행용가방	სამგზავრო ჩანთა 삼그자브로 찬타	
배낭	ზურგჩანთა 주르스칸타	
실내화(슬리퍼)	ჩუსტი 추스띠	
핸드백	ხელჩანთა 헬찬타	

하이킹 ლაშქრობა

**로 가는 길을 알려주십시오.

Please tell(show) me the way to **.

კენ მიმავალი გზა მიმასწავლეთ.

**껜 미마발리 그자 미마스짜블레트.

이 길을 따라가면 **가 나오나요?

Does this road(path) go to **?

ეს გზა **სკენ მიდის?

에스 그자 **껜 미디스?

**까지 아직 먼가요?

Is it far to **

****მდე შორია?**

**므데 쇼리아?

어휘 플러스

관광 어휘
ტურიზმი

성당	ტაძარი 따자리
성	ციხე-სიმაგრე 치헤-시마그레
동굴	მღვიმე 므그비메
산	მთა 므타
산정상	მთის წვერი 므티스 쯔베리
호수	ტბა 뜨바
숲	ტყე 뜨케
계곡	ხევი 케비
폭포	ჩანჩქერი 찬츠케리
강	მდინარე 므디나레
국립공원	ეროვნული პარკი 에로브눌리 빠르끼
해안	ზღვის ნაპირი 즈그비스 나삐리
마을	სოფელი 소펠리

어휘 플러스

생활 용품 어휘
საყოფაცხოვრებო ნივთები

비누	საპონი
	사뽀니
치솔	კბილის ჯაგრისი
	끄빌리스 자그리시
치약	კბილის პასტა
	끄빌리스 빠스따
샴푸	შამპუნი
	샴뿌니
휴지	ტუალეტის ქაღალდი
	뚜알레띠스 카갈디
밧테리	ელემენტი
	엘레멘띠
손전등	ელექტრო ფარანი
	엘레크뜨로 파라니
라이터	სანთებელა
	산테벨라
성냥	ასანთი 아산티
수건	პირსახოცი 삐르사호치
손수건	ხელსახოცი 헬사호치

6
날씨

ამინდი

날씨 ამინდი

오늘 날씨가 어떨까요?

What will the weather be like today?

დღეს როგორი ამინდი იქნება?

드게스 로고리 아민디 이크네바?

내일 일기예보는 어떤가요?

What's the forecast for tomorrow?

ხვალინდელი პროგნოზი როგორია?

흐발린델리 브로그노지 로고리아?

지금 기온이 얼마이지요?

What's the temperature now?

ახლა ტემპერატურა რამდენია?

아흘라 뗌뻬라뚜라 람데니아?

산 위는 많이 추운가요?

It is much colder on the mountain?

მთაზე ძალიან ცივა?

므타제 잘리안 치바?

밤에 기온이 많이 떨어지나요?

The temperature drops sharply at night?

ღამით ტემპერატურა მკვეთრად ეცემა?

가미트 뗌뻬라뚜라 므끄베트라드 에체마?

낮에 더워지나요?

It will be hot during the daytime?

დღისით დაცხება?

드기시트 다츠케바?

날씨가 참 좋습니다.

We have a wonderful weather.

ძალიან კარგი ამინდია

잘리안 까르기 아민디아.

구름이 많이 낀 날씨입니다.

It is cloudy.

ღრუბლიანი ამინდია.

그루블리아니 아민디아.

날씨가 춥습니다.

It is cold.

ცივი ამინდია.

치비 아민디아.

비가 옵니다.

It is raining.

წვიმს.

츠빔스.

바람이 세게 붑니다.

A strong wind blows.

ძლიერი ქარი ქრის.

즐리에리 카리 크리스.

눈이 옵니다.

It snows.

თოვს.

토브스.

7

문화, 공연

კულტურა, წარმოდგენა

문화, 공연 კულტურა, წარმოდგენა

나는 연극을 보고 싶습니다.
I'd like to watch a theatre.
წარმოდგენის ყურება მინდა.
차르모드게니스 쿠레바 민다.

나는 콘서트를 관람하고 싶습니다.
I'd like to go to a classic music concert.
კონცერტის ყურება მინდა.
꼰체르띠스 쿠레바 민다.

나는 조지아 전통 음악을 감상하고 싶습니다.
I'd like to listen to traditional Georgian (folk) music.
ქართული ხალხური (ფოლკლორის)
카르툴리 칼쿠리 (폴끌로리스)
სიმღერის მოსმენა მინდა.
심게리스 모스메나 민다.

나는 조지아 전통 합창을 들어보고 싶습니다.
I'd like to listen to traditional Georgian choir.
ქართული ხალხური გუნდის მოსმენა
카르툴리 칼쿠리 군디스 모스메나
მინდა.
민다.

나는 조지아 전통 춤을 보고 싶습니다.

I'd like to watch a performance of Georgian traditional dance.

ქართული ტრადიციული ცეკვის

카르툴리　뜨라디치울리　체끄비스

ყურება მინდა.

쿠레바　민다.

나는 조지아 전통 춤을 배우고 싶습니다.

I'd like to learn traditional Georgian dance.

ქართული ტრადიციული ცეკვის

카르툴리　뜨라디치울리　체끄비스

სწავლა მინდა.

스짜블라　민다.

매표소는 어디인가요?

Where is the ticket office?

სად არის სალარო?

사드　아리스　살라로?

공연은 몇 시에 시작하나요?

When does theperformance(concert) begin?

რომელ საათზე იწყება წარმოდგენა?

로멜　사아트제　이쯔케바　짜르모드게나?

앞쪽 중앙에 좋은 자리 표를 주세요.

Please give me seats at the center at front rows.

მომეცით წინა რიგის შუა ადგილი.

모메치트　찌나　리기스　슈아　아드길리.

나는 조지아 와인 제조법을 알고 싶습니다.

I'd like to learn how Georgian traditional wines are brewed.

მინდა ვისწავლო ქართული ღვინის
민다 비스짜블로 카르툴리 그비니스

დამზადება.
담자데바.

나는 조지아 전통 와인 제조 과정을 보고 싶습니다.

I'd like to watch with my eyes how Georgian traditional wines are brewed.

მინდა ქართული ტრადიციული
민다 카르툴리 뜨라디치울리

ღვინის დამზადების პროცესს ვუყურო.
그비니스 담자데비스 브로체스스 부쿠로.

나는 조지아 와인 저장소를 보고 싶습니다.

I'd like to see a winery.

მინდა ქარული ღვინის მარანი ვნახო.
민다 카르툴리 그비니스 마라니 브나코.

나는 조지아식 목욕 문화를 경험하고 싶습니다.

I'd like to experience traditional Georgian bath.

მინდა ქართულ ტრადიციულ აბანოს
민다 카르툴 뜨라디치울 아바노스

კულტურას გავეცნო.
꿀뚜라스 가베츠노.

조지아의 중요한 국경일은 언제인가요?

What are the most important national days in Georgia?

საქართველოში ყველაზე

사카르트벨로시 크벨라제

მნიშვნელოვანი ეროვნული დღე

므니슈넬로바니 카르툴리 드게

რომელია?

로벨리아?

조지아의 가장 큰 민속 명절은 무엇인가요?

What is the most important Georgian holidays?

რომელია ყველაზე მნიშვნელოვანი

로멜리아 크벨라제 므니슈벨로바니

ქართული დღესასწაული?

카르툴리 드게사스짜울리?

이 민속 명절의 유래는 어떻게 되나요?

How did this holiday tradition begin?

როგორ წარმოიშვა ეს სახალხო

로고르 짜르모이슈바 에스 사할호

დღესასწაული?

드게사스짜울리?

조지아 전통 의상을 입어보고 싶습니다.

I'd like to try traditional Georgian clothes.

მინდა ჩავიცვა ქართული

민다 차위촤 카르툴리

ტრადიციული ტანისამოსი.

뜨라디치울리 따니사모시.

조지아의 결혼 풍습은 어떻게 되나요?

What is Georgian wedding tradition?

როგორია ქართული ქორწილის

로고리아　　　　카르툴리　　　　코르찔리스

ტრადიცია?

뜨라디치아?

조지아 남녀들은 어떻게 만나나요?

How do Georgian young man and woman meet and date?

როგორ ხვდებიან ქართველი გოგო-

로고르　　　　크브데비안　　　카르트벨리　　　　고고–

ბიჭები ერთმანეთს?

비체비　　　에르트마네트스?

조지아어는 배우기 어렵나요?

Is it difficult to learn Georgian?

ძნელია ქართული ენის სწავლა?

즈넬리아　　　카르툴리　　　　에느스　　스짜블라?

조지아어 알파벳은 몇 글자인가요?

How many alphabets are in Georgian?

რამდენი ასოა ქართულ ანბანში?

람데니　　　아소아　카르툴　　　　안반시?

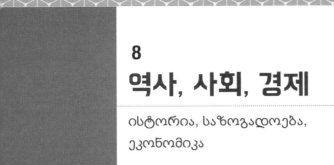

8
역사, 사회, 경제

ისტორია, საზოგადოება,
ეკონომიკა

역사 ისტორია

이 성당은 언제 만들어졌나요?
When were these cathedrals built?
როდის აშენდა ეს ტაძარი?
로디스 아셴다 에스 따자리?

어느 왕이 이 건물을 건축했나요?
Which king built this temple?
ეს ნაგებობა რომელმა მეფემ ააშენა?
에스 나게보바 로멜마 메페므 아아셰나?

이 도시의 역사는 얼마나 되었나요?
How long is the history of this city?
რამდენს მოითვლის ამ ქალაქის
람덴스 모이트블리스 암 칼라키스
ისტორია?
이스또리아?

과거에 이 지역은 누가 지배했나요?
In the past who ruled this area(city)?
ვისი გავლენის ქვეშ იყო ადრე ეს
위시 가블레니스 크베스 이코 아드레 에스
ტერიტორია (ქალაქი)?
떼리또리아 (칼라키)?

조지아 사람들은 쇼타 루스타벨리의 〈호랑이 가죽을 두른 용사〉를 얼마나 자랑스러워하나요?

How proud are Georgian people of Shota Rustaveli's <The Knight in Panther's skin>?

ამაყობს ქართველი ხალხი შოთა
아마코브스　카르트벨리　하르히　쇼타

რუსთაველის „ვეფხისტყაოსნით"?
루스타벨리스　„베프키스뜨카오스니트"?

〈호랑이 가죽을 두른 용사〉의 몇 구절을 암송할 수 있나요?

Can you recite several lines of <The Knight in Panther's skin>?

„ვეფხისტყაოსნის" რამდენი სტროფი იცი
„베프키스뜨카오스니스"　람데니　스뜨로피　이치

ზეპირად?
제삐라드?

〈호랑이 가죽을 두른 용사〉가 이미 한국어로 번역된 것을 아시나요?

Do you know that <The Knight in Panther's skin> was already translated in Korean?

იცი რომ „ვეფხისტყაოსანი" კორეულად
이치　롬　„베프키스뜨카오사니"　꼬레울라드

ითარგმნა?
이타르그므나?

조지아 역사에서 가장 위대한 왕으로 누구를 꼽나요?

Who is regarded the greatest king in Georgia?

ვის აღიარებენ ყველაზე ძლიერ მეფედ
위스　아기아레벤　크벨라제　즐리에르　메페드

საქართველოში?
사카르트벨로시?

조지아의 문화유산 중 세계에 자랑할 만한 것은 무엇인가요?

What is the most important cultural heritage, which Georgia can show to the world?

ქართული კულტურული ძეგლების

카르툴 꿀뚜룰 제글레브스

შორის, განსაკუთრებით რომლით

쇼리스, 간사꾸트레비트 로믈리트

ამაყობთ მსოფლიოში?

아마콥트 므소플리오시?

사회, 경제 საზოგადოება, ეკონომიკა

지금 조지아의 대통령은 누구인가요?

Who is Georgian president now?

ვინ არის ამჟამად საქართველის

빈 아리스 암자마드 사카르트벨로스

პრეზიდენტი?

쁘레지덴띠?

이 도시의 시장은 누구인가요?

Who is the mayor of this city?

ვინ არის ამ ქალაქის მერი?

빈 아리스 암 칼라키스 메리?

조지아 사람들은 영어를 잘하나요?

Georgians generally speak English well?

ქართველებმა ინგლისური კარგად

카르트벨레브마 인글리수리 까르가드

იციან?

이치안?

조지아 젊은이들은 어떤 직업을 선호하나요?

What kind of jobs do Georgian youngsters prefer?

რომელ პროფესიას ანიჭებენ

로멜 쁘로페시아스 아르체벤

უპირატესობას ქათველი

우삐라떼소바스 카르트벨리

ახალგაზრდები?

아할가즈르데비?

조지아 사람들은 한국을 잘 아나요?

Do Georgians know Korea well?

ქართველები კორეას კარგად იცნობენ?

카르트벨레비 꼬레아스 까르가드 이츠노벤?

조지아에서 한국 제품은 인기가 있나요?

What kind of Korean products are popular in Georgia?

კორეული საქონელი პოპულარულია საქართველოში?

꼬레울리 사코넬리 뽀뿔라룰리아 사카르트벨로시?

조지아의 한류 바람은 어떤가요?

Is there a 'Korean wave' going on in Georgia?

საქართველოში „კორეული ტალღა" აგორდა?

사카르트벨로시 "꼬레울리 딸가" 아고르다?

조지아에 한국어를 배우는 학생은 많은가요?

Are there many students studying Korean?

კორეულ ენას ბევრი სტუდენტი სწავლობს საქართველოში?

꼬레울 에나스 베브리 스뚜덴띠 스짜블로브스 사카르트벨로시?

요즘 조지아의 경제상황은 어떤까요?

How is economic situation in Georgia now?

საქართველოს ეკონომიკური

사카르트벨로스　에꼬노미꾸리

მდგომარეობა როგორია?

므드고마레오바　로고리아?

대졸자의 평균 임금은 얼마나 되나요?

What is average wage of college graduates?

უნივერსიტეტდამთავრებულის

우티베르시떼뜨담타브레불리스

საშუალო ხელფასი რამდენია?

사슈알로　켈파시　람데니아?

조지아 젊은이들은 일자리를 찾아 외국으로 많이 나가나요?

Georgian youngsters want to go abroad to find a job?

ბევრი ქართველი ახალგაზრდა მიდის

베브리　카르트벨리　아칼가즈르다　미디스

სამუშაოდ საზღვარგარეთ?

사무샤오드　사즈그바르가레트?

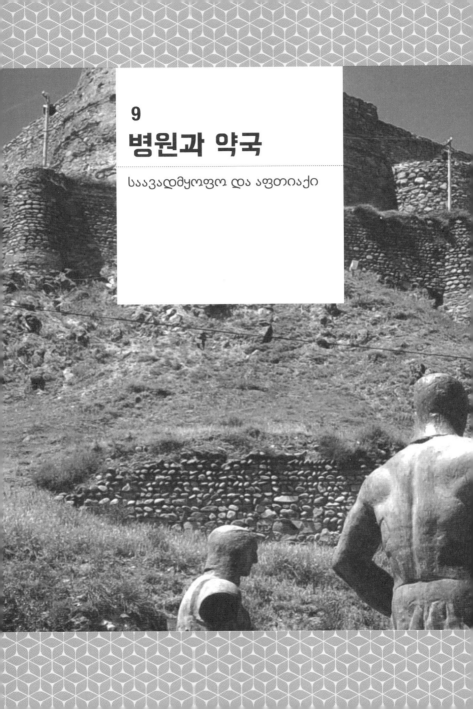

9

병원과 약국

საავადმყოფო და აფთიაქი

병원 საავადმყოფო

가까운 곳에 병원이 있나요?
Is there a hospital nearby?
უახლოესი საავადმყოფო სად არის?
우아클로에시 사아바드므코포 사드 아리스?

가까운 곳에 약국이 있나요?
Is there a pharmacy nearby?
უახლოესი აფთიაქი სად არის?
우아클로에시 아프티아키 사드 아리스?

의사를 불러주세요.
Please call a doctor.
ექიმს გამოუძახეთ.
에킴스 가모우자헤트.

약국 აფთიაქი

아스피린 주세요.
Aspirin please.
ასპირინი მომეცით.
아스삐리니 모메치트.

여기 처방전 있습니다.
Here is a prescription.
რეცეპტი მაქვს.
레체쁘띠 마크브스.

소화가 안됩니다. 소화제 좀 주세요.
I can not digest it. Please extinguish.
საჭმლის გადამუშავების პრობლემა
사쯔믈리스 가다무샤베비스 쁘로블레마
მაქვს. საჭმლის გადასამუშავებელი
마크브스. 사쯔믈리스 가다무샤벨리
წამალი მომეცით.
짜말리 모메치트.

넘어져서 무릎을 다쳤습니다. 상처에 바르는 연고 주세요.
I fell and hurt my knee. Do you have an ointment on the wound.
წავიქეცი და მუხლი დავიშავე.
짜비케치 다 무흘리 다위샤베.
ჭრილობის მოსაშუშებელი მალამო
쯔릴로비스 모사슈셰벨리 말라모
მომეცით.
모메치트.

손가락을 베였습니다. 밴드 있나요?

I cut my finger. You have a band aid?

თითი გავიჭერი. პლასტირი გაქვთ?

티티 가위째리. 뻘라스띠리 가크브트?

제 아이가 열이 높습니다. 해열제 좀 주세요.

My child has a high temperature. Please give me a medicine for fever.

ჩემს შვილს მაღალი ტემპერატურა აქვს.

쳄스 슈빌스 마갈리 뗌뻬라뚜라 아크브스.

სიცხის დამწევი მომეცით.

시츠히스 담쩨비 모메치트.

감기에 걸린 것 같습니다. 감기약 주세요.

I have caught a cold. Please give me a medicine for the cold.

ალბათ გავცივდი. გაციების წამალი

알바트 갑칩디. 가치에비스 짜말리

მომეცით.

모메치트.

붕대 주세요.

Give me a bandage.

ბინტი მომეცით.

빈띠 모메치트.

지사제 주세요.

Please give me an antidiarrheal.

ფაღარათის წამალი მომეცით.

파가라티스 짜말리 모메치트.

변비약 주세요.

Give me a laxative.

შეკრულობის წამალი მომეცით.

셰끄룰로비스 짜말리 모메치트.

진통제 주세요

I need a painkiller.

გამაყუჩებელი მომეცით.

가마쿠체벨리 모메치트.

하루에 몇 번 먹어야 하나요?

How many times a day should I eat?

დღეში რამდენჯერ უნდა მივიღო?

드게시 삼덴제르 운다 미위고?

이 약국은 주말에도 하나요?

This pharmacy does it an weekends.

ეს აფთიაქი შაბათ-კვირასაც ღიაა?

에스 아프티아키 샤바트-끄비라사츠 기아아?

소독약 주세요.

I need a disinfectant.

სადეზინფექციო საშუალება მომეცით.

사데진페크치오 사슈알레바 모메치트.

무좀약 주세요.

Please give me a athlete foot's ointment.

ფეხის სოკოს წამალი მომეცით.

페히스 소꼬스 짜말리 모메치트.

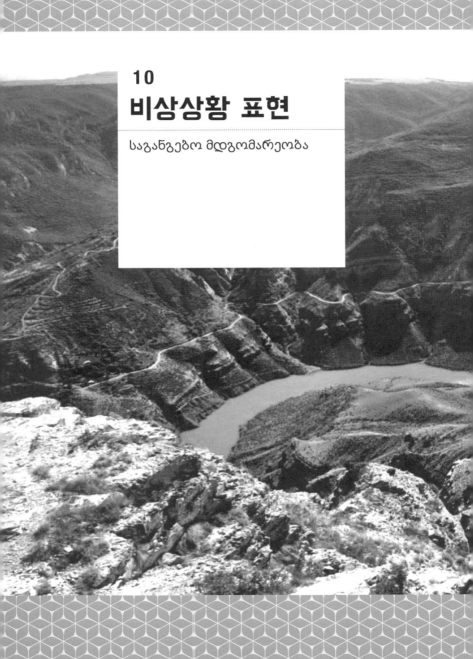

10

비상상황 표현

საგანგებო მდგომარეობა

비상상황 표현 საგანგებო მდგომარეობა

나는 지갑을 잃어버렸습니다.

I lost my purses.

საფულე დავკარგე.

사풀레 다브까르게.

내 숙소에 도둑이 들었습니다.

I was rubbed of my room.

ქურდი შემოიპარა ჩემს ოთახში.

쿠르디 셰모이빠라 첾스 오타흐시.

나는 여권을 잃어버렸습니다.

I lost my passport.

პასპორტი დავკარგე.

빠스뽀르띠 다크까르게.

한국대사관 분관의 위치를 알려주십시오.

Please tell me where the Korean embassy is located.

გთხოვთ, ამიხსნათ სად მდებარეობს

그트코브트, 아미크스나트 사드 므데바레오브스

კორეის საელჩო.

꼬레이스 사엘초.

가까운 경찰서를 알려주십시오.

Is there police station nearby?

უახლოესი პოლიციის განყოფილება

우아클로에시 뽈리치이스 간코필레바

სადა არის?

사드 아리스?

사고가 났습니다.
Accident!
უბედური შემთხვევა მოხდა.
우베두리 셰므트크베바 모흐다

의사를 불러주세요.
Please call a doctor.
ექიმი გამოიძახეთ.
에키미 가모이자케트.

화장실이 어디에 있는지 알려주세요.
Where are the toilets?
სად არის ტუალეტი?
사드 아리스 뚜알레띠?

나는 길을 잃었습니다.
I am lost.
გზა დამებნა.
그자 다메브나.

내가 있는 곳은 어디인가요?
Where am I now?
სად ვარ?
사드 바르?

도움을 부탁합니다.
Please help me.
გთხოვთ, დამეხმარეთ.
그트코브트, 다메크마로트.

도와주세요!
Help!
დამეხმარეთ!
다메크마레트!

조심하세요!
Watch out!
Be careful!
ფრთხილად!
프르트힐라드!

도둑이다!
Thief!
ქურდია!
쿠르디아!

경찰을 불러주세요.
Police!
პოლიციას დაუძახეთ.
폴리치아스 다우자헤트.

MEMO

10

기타 표현과 어휘

სხვა გამოთქმები და
ლექსიკა

네.
კი / დიახ.
끼 / 디아흐.

응.
ჰო.
호.

아니요.
არა.
아라.

지나가겠습니다.
გამატარეთ.
가마따레트.

말해주겠습니까?
ხომ ვერ მეტყვით?
홈   베르 메뜨크비트?

쓰세요.
დაწერეთ.
다쩨레트.

따라하세요.
გაიმეორეთ.
가이메오레트.

이해가 안 되요 / 모르겠어요.
I don't understand.
არ მესმის.
아르 메스미스.

한국말로 말할 줄 알아요?
კორეულად
꼬레울라드
ლაპარაკობთ?
라빠라꼽트?

방을 예약했어요.
ნომერი მაქვს
노메리   마크브스
შეკვეთილი.
셰끄베틸리.

아이, 어린이
ბავშვი
바브쉬

성인, 어른
მოწიფული
모찌풀리

여권
პასპორტი
빠스뽀르띠

방해하지 마세요.
ნუ შემაწუხებთ.
누   셰마쭈케브트

깨워주세요.
გამაღვიძეთ.
가마그비제트

도로
გზა
그자

교차로
გზაჯვარედინი
그자즈바레디니

멈춰!
სდექ! შეჩერდი!
스데크!   셰체르디!

통행금지!
გავლა
가블라
აკრძალულია!
아끄르잘룰리아!

벌금
ჯარიმა
자리마

주의, 주목
ყურადღება
쿠라드게바

입구
შესასვლელი
셰사스블렐리

출구
გამოსასვლელი
가모사스블렐리

왼쪽
მარცხნივ
마르츠크니브

오른쪽
მარჯვნივ
마르즈브니브

닫음
Closed
დაკეტილია
다께띨리아

열려 있음
ღიაა
기아아

시작

დაწყება,

다쯔케바,

დასაწყისი

다사쯔키시

끝

დასრულება,

다스룰레바,

დასასრული

다사스룰리

여기

აქ

아크

저기

იქ

이크

위험하다.

საშიშია.

사시시아.

조심하세요!

ფრთხილად!

프르트킬라드!

횡단보도

გადასასვლელი

가다사스블렐리

정보

Information

ინფორმაცია

인포르마치아

버스

ავტობუსი

압또부시

정거장

გაჩერება

가체레바

공항

აეროპორტი

아에로뽀르띠

비행기

თვითმფრინავი

퉈트므프리나위

항공편

Flight

რეისი

레이시

출발(Departure)
გამგზავრება
감그자브레바

도착(Arrival)
ჩამოსვლა
차모스블라

세관
საბაჟო
사바조

웨이터
ოფიციანტი
오피치안띠

메뉴
მენიუ
메니우

차가운
ცივი
치위

뜨거운
ცხელი
츠켈리

미지근한
ნელთბილი
넬트빌리

맛있게 드세요!
გემრიელად
게므리엘라드
მიირთვით,
미이르트위트,
შეგარგოთ!
셰가르고트!

물
წყალი
쯔칼리

죽
ფაფა
파파

치킨
ქათამი
카타미

삶다
მოხარშვა
모카르슈와

굽다
შეწვა
셰쯔와

매운
ცხარე
츠크레

디저트
დესერტი
데세르띠

사과
ვაშლი
와쉴리

포도
ყურძენი
쿠르제니

바나나
ბანანი
바나니

오렌지
ფორთოხალი
포르토칼리

감자
კარტოფილი
가르또필리

파
ხახვი
카퀴

고추
წიწაკა
찌짜까

쌀
ბრინჯი
브린지

마늘
ნიორი
니오리

가격
price
ფასი
파시

잔돈
ხურდა
쿠르다

크다
დიდი
디디

작다
პატარა
빠따라

싸다
იაფია
이아피아

비싸다
ძვირია
즈비리아

할인, 세일
ფასდაკლება
파스다끌레바

아프다
მტკივა
므뜨끼와

머리
თავი
타위

배
მუცელი
무첼리

치아
Tooth
კბილი
끄빌리

부록
주제별 어휘

დანართი
თემატური ლექსიკა

PUBLIC

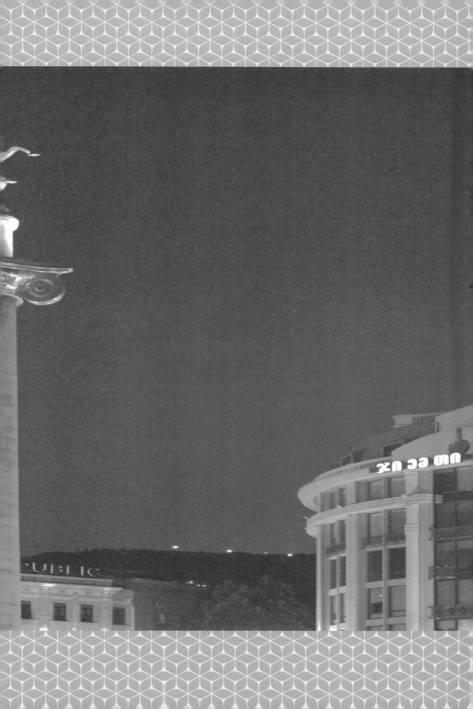

01 계절, 요일, 월, 방위, 색
სეზონი, დღე, თვე

봄
გაზაფხული
가자프훌리

여름
ზაფხული
자프훌리

가을
შემოდგომა
셰모드고마

겨울
ზამთარი
잠타리

일요일
კვირა
끄비라

월요일
ორშაბათი
오르샤바티

화요일
სამშაბათი
삼샤바티

수요일
ოთხშაბათი
오트크샤바티

목요일
ხუთშაბათი
후트샤바티

금요일
პარასკევი
빠라스께위

토요일
შაბათი
샤바티

1월
იანვარი
이안와리

2월
თებერვალი
테베르왈리

3월
მარტი
마르띠

4월
აპრილი
아쁘릴리

부록 _ 주제별 어휘

5월

მაისი
마이시

6월

ივნისი
이브니시

7월

ივლისი
이블리시

8월

აგვისტო
아그위스또

9월

სექტემბერი
세크뗌베리

10월

ოქტომბერი
오크똠베리

11월

ნოემბერი
노엠베리

12월

დეკემბერი
데껨베리

동쪽

აღმოსავლეთი
아그모사블레티.

서쪽

დასავლეთი
다사블레티.

북쪽

ჩრდილოეთი
츠르딜로에티.

남쪽

სამხრეთი
삼크레티.

흰색

თეთრი
테트리

검정색

შავი
샤위.

빨간색

წითელი.
찌텔리

하늘색
ცისფერი
치스페리.

노란색
ყვითელი
크비텔리.

녹색
მწვანე
므쯔와네

 02 주요 국가
ქვეყნები

러시아
რუსეთი
루세티

한국
კორეა
꼬레아

중국
ჩინეთი
치네티

일본
იაპონია
이아뽀니아

미국
ამერიკა
아메리까

아르메니아
სომხეთი
솜헤티

아제르바이잔
აზერბაიჯანი
아제르바이자니

우크라이나
უკრაინა
우끄라이나

이란
ირანი
이라니

터키
თურქეთი
투르케티

영국
ინგლისი
인글리시

프랑스
საფრანგეთი
사프란게티

독일

გერმანია
게르마니아

03 부사적 표현
გარემოების აღმნიშვნელი გამოთქმები

지금

ახლა
아클라

앞으로

მომავალში
모마발시

어제

გუშინ
구신

오늘

დღეს
드게스

내일

ხვალ
크발

매일

ყოველ დღე
코벨 드게

매주

ყოველ კვირა
코벨 끄비라

즉시

სასწრაფოდ, ეგრევე,
사스쯔라포드, 에그레베,

ახლავე
아흘라베

곧

ეგრევე, უმალ,
에그레베, 우말,

მაშინვე
마신베

천천히

ნელა
넬라

빠르게

სწრაფად
스쯔라파드

절대로… 아니다
არავითარ
아라비타르
შემთხვევაში,
셰므트크베바시,
არანაირად.
아라나이라드.

04 스포츠
სპორტი

축구
ფეხბურთი
페크부르티

배구
ფრენბურთი
프렌부르티

농구
კალათბურთი
깔라트부르티

야구
ბეისბოლი
베이스볼리

탁구
მაგიდის ჩოგბურთი
마기디스 초그부르티

테니스
ჩოგბურთი
초그부르티

배드민턴
ბადმინტონი
바드민또니

골프
გოლფი
골피

당구
ბილიარდი
빌리아르디

달리기
სირბილი
시르빌리

사이클
ველორბოლა
벨로르볼라

체조
ტანვარჯიში
딴바르지시

아이스하키
ყინულის ჰოკეი
키눌리스 호께이

레슬링
ჭიდაობა
찌다오바

복싱
ბოქსი
보크시

태권도
ტაიკვანდო
따이꽌도

유도
ძიუდო
지우도

삼보
სამბო
삼보

승마
ცხენოსნობა
츠케노스노바

등산
ალპინიზმი
알삐니즈미

수영
ცურვა
추르바

펜싱
ფარიკაობა
파리까오바

양궁
მშვილდოსნობა
므쉴도스노바

사격
სპორტული სროლა
스뽀르뚤리 스롤라

에어로빅
აერობიკა
아에로비까

체스
ჭადრაკი
짜드라끼

주사위 놀이
ნარდი
나르디

도미노 게임
დომინო
도미노

카드 놀이

ბანქო

반코

05 주방용품

სამზარეულოს ნივთები

삼자레울로스 닙테비

냉장고

მაცივარი

마치바리

숫가락

კოვზი

꼬브지

포크

ჩანგალი

찬갈리

젓가락

ჩხირები

츠히레비

칼

დანა

다나

빵칼

პურის დანა

뿌리스 다나

냅킨

ხელსახოცი

켈사호치

강판

სახეხელა

사헤헬라

병따개

ბოთლის გასახსნელი

보틀리스 가사흐스넬리

포도주따개

კორპსაძრობი

꼬르쁘사즈로비

프라이팬

ტაფა

따파

냄비

ქვაბი

크와비

커피포트

ყავადანი

카바다니

믹서기

მიქსერი

믹세리

토스트기계

ტოსტერი
토스떼리

접시

თეფში
테프시

머그잔

ჭიქა
찌카

와인잔

ბოკალი
보깔리

맥주잔

კათხა
까트하

보드카잔

არაყის ჭიქა
아라키스 찌카

주전자

ჩაიდანი
차이다니

보온병

თერმოსი
테르모시

도마

საჭრელი დაფა
사쯔렐리 다파

샐러드그릇

სალათის ჯამი
살라티스 자미

야채망

ბოსტნეულის ჩანთა
보스뜨네울리스 찬타

계량컵

კვერცხის ჭიქა
끄베르츠키스 찌카

전자레인지

მიკროტალღური
미끄로딸구리

ღუმელი
구멜리

가스렌지

გაზქურა
가즈쿠라

오븐

ღუმელი
구멜리

전기가열판
ელექტრო ღუმელი
엘레크뜨로 구멜리

수도꼭지
ონკანი
온까니

쟁반
ლანგარი
란가리

스펀지
ღრუბელი
그루벨리

플러그
შტეფსელი
쉬떼프셀리

라이터
სანთებელა
산테벨라

성냥
ასანთი
아산티

06 조미료
სანელებლები
사넬레블레비

소금
მარილი
마릴리

간장
სოიას სოუსი
소이아스 소우시

설탕
შაქარი
샤카리

고추가루
წიწაკის ფხვნილი
찌짜끼스 프크브닐리

꿀
თაფლი
타플리

후추
შავი პილპილი
샤위 삘삘리

식용유
ზეთი
제티

07 생활용품

საყოფაცხოვრებო ნივთები
사코파츠코브레보 닙테비

다리미
უთო
우토

진공청소기
მტვერსასრუტი
므뜨베르사스루띠

재떨이
საფერფლე
사페르플레

휴지통
საკანცელარიო
사깐첼라리오
ნაგვის კალათა
나그비스 깔라타

쓰레기통
სანაგვე ყუთი
사나그베 쿠티

라이터
სანთებელა
산테벨라

성냥
ასანთი
아산티

전구
ნათურა
나투라

브러쉬
ჯაგრისი
자그리시

옷핀
ქინძისთავი
킨지스타비

실
ძაფი
자피

바늘
ნემსი
냄시

빗
სავარცხელი
사바르츠켈리

치솔
კბილის ჯაგრისი
끄빌리스 자그리시

치약

კბილის პასტა
끄빌리스 빠스따

비누

საპონი
사뽀니

샴푸

შამპუნი
샴뿌니

담배

სიგარეტი
시가레띠

열쇠

გასაღები
가사게비

자물쇠

ბოქლომი
보클로미

망치

ჩაქუჩი
차쿠치

빗자루

ცოცხი
초츠키

대걸레

იატაკის საწმენდი
이아따끼스 사쯔멘디

ტილო
띨로

옷걸이

ტანსაცმლის საკიდი
딴사츠믈리스 사끼디

손전등

ელექტრო ფარანი
엘레크뜨로 파라니

바구니

კალათა
깔라타

대야

ტაშტი
따스띠 or 따쉬띠 ? (tashti)

빨래건조대

სარეცხის საშრობი
사레츠히스 사스로비 (sashrobi)?

다리미판

საუთოო მაგიდა
사우토오 마기다

못

ლურსმანი
루르스마니

건전지

ელემენტი
엘레멘띠

침낭

საძილე ტომარა
사질레 또마라

삽

ბარი
바리

초

სანთელი
산텔리

낚시대

ანკესი
안께씨

등산용지팡이

ალპინისტური
알삐니스뚜리

ხელჯოხი
켈조히

때수건

დასაბანი ხაოიანი
다사바니 카오이아니

ქსოვილის
크소빌리스

პირსახოცი
삐르사코치

옷걸이

ტანსაცმლის საკიდი
딴사츠믈리스 사끼디

08 욕실

საბაზანო
사아바자노

체중계

სასწორი
사스쪼리

화장지

ტუალეტის
뚜알레띠스

ქაღალდი
카갈디

변기

უნიტაზი
우니따지

비데

ბიდე

비데

면도기

საპარსი აპარატი

사빠르시 아빠라띠

면도날

საპარსი დანა

사빠르시 다나

칫솔

კბილის ჯაგრისი

끄빌리스 자그리시

치약

კბილის პასტა

끄빌리스 빠스따

비누

საპონი

싸뽀니

샴푸

შამპუნი

샴뿌니

컨디셔너

კონდენციონერი

콘덴치오네리

욕실 커튼

სააბაზანო ფარდა

사아바자노 파르다

세탁용 비누

სარეცხი საპონი

사레츠히 사뽀니

샤워기

საშხაპე ყურმილი

사스하뻬 쿠르밀리

세면대

სამზარეულოს

삼자레울로스

ნიჟარა

니자라

수건

პირსახოცი

삐르사코치

헤어드라이기

თმის საშრობი (ფენი)

트미스 사스로비 (페니)

09 전자제품

ელექტრონული საქონელი
엘레크뜨로눌리 사코넬리

텔레비전
ტელევიზორი
뗄레비조리

라디오
რადიო
라디오

컴퓨터
კომპიუტერი
꼼삐우떼리

노트북
ნოუთბუქი
노우트부키

마우스
თაგვი (მაუსი)
타그위 (마우시)

USB
მეხსიერების ბარათი
메크시에레비스 바라티

카메라
კამერა; ფოტოაპარატი
까메라; 포또아빠라띠

비디오카메라
ვიდეო კამერა
비데오 까메라

CD플레이어
სიდი ფლეიერი
시디 플레이에리

카세트플레이어
მაგნიტოფონი
마그니또포니

오디오세트
სტერეო აპარატურა
스떼레오 아빠라뚜라

MP–3플레이어
MP-3 ფლეიერი
MP–3 플레이에리

망원경
ბინოკლი, დურბინდი
비노끌리, 두르빈디

충전기
დამტენი
담떼니

어탭터
გადამყვანი
가담크바니

멀티탭

დენის
데니스

გამანაწილებელი
가마나찔레벨리

케이블

კაბელი
까벨리

10 자동차, 운송수단
ავტომობილი,
სატრანსპორტო საშუალება

자전거

ველოსიპედი
벨로시뻬디

오토바이

მატოციკლეტი
마또치끌레띠

승용차

მსუბუქი
므수부키

ავტომობილი
압또모빌리

SUV

SUV
에스유비

트럭

სატვირთო მანქანა
사뜨비르토 만카나

헤드라이트

შუქფარი
슈크파리

범퍼

ბამპერი
밤뻬리

번호판

ნომრის დაფა
놈리스 다파

트렁크

საბარგული
사바르굴리

바퀴

ბორბალი
보르발리

핸들

საჭე
사쩨

브레이크
მუხრუჭი
무크루찌

사이드브레이크
გვერდითა მუხრუჭი
그베르디타　무크루찌

사이드미러
გვერდითა სარკე
그베르디타　사르께

백미러
უკანა სარკე
우까나　사르께

문손잡이
კარის სახელური
까리스 사켈루리

바퀴
ბორბალი
보르발리

타이어
საბურავი
사부라위

스페어타이어
სათადარიგო
사타다리고
საბურავი
사부라위

와이퍼
მინასაწმენდი
미나사쯔멘디

본네트
კაპოტი
까뽀띠

라디에이터
რადიატორი
라디아또리

머플러
მაყუჩი
마쿠치

카오디오
მანქანის აუდიო
만카니스　아우디오
მოწყობილობა
모쯔코빌로바

경적
საყვირი
사크비리

주유구

ბენზინის ჩასასხმელი
벤지니스 차사스크멜리

ავზი
아브지

안전벨트

დამცავი ღვედი
담차비 그베디

악셀

აქსელერატორი
아크셀레라또리

클러치

მოსაჭერი
모사쩨리

მოწყობილობა
모쯔코빌로바

휘발유

საწვავი; ბენზინი
사즈바비; 벤지니

경유

დიზელი
디벨리

내비게이션

ნავიგატორი
나비가또리

11 여행용품

სამოგზაურო აქსესუარები
사모그자우로 아크세수아레비

선글래스

მზის სათვალე
므지스 사트발레

수영복

საცურაო კოსტიუმი
사추라오 꼬스띠우미

썬캡

მზის ქუდი
므지스 쿠디

비치타월

საზღვაო პირსახოცი
사즈그바오 삐르사호치

바구니

კალათა
깔라타

텐트

კარავი
까라위

자리깔개

ჭილობი
찔로비

삽
ბარი
바리

튜브
საცურაო კამერა
사추라오   까메라

구명조끼
სამაშველო ჟილეტი
사마슈벨로   질레띠

침낭
საძილე ტომარა
사질레   또마라

잠수안경
წყლის სათვალე
츠클리스   사트발레

망원경
ბინოკლი, დურბინდი
비노끌리,   두르빈디

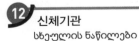

12 신체기관
სხეულის ნაწილები

얼굴
სახე
사케

눈
თვალი
트왈리

머리
თავი
타위

뇌, 골
ტვინი
뛰니

두골, 두개골
ქალა
칼라

이마
შუბლი
슈블리

귀
ყური
쿠리

속눈썹
წამწამი
짬짜미

뺨, 볼
ლოყა
로카

보조개

ღრმული (ლოყაზე)
그르물리 로카제

코

ცხვირი
츠크비리

콧구멍

ნესტო
네스또

입

პირი
삐리

입술

ტუჩი
뚜치

턱

ნიკაპი
니까삐

목

კისერი
끼세리

목, 인후

ყელი
켈리

머리카락

თმა
트마

비듬

ქერტლი
케르뜰리

이, 치아

კბილი
끄빌리

사랑니

სიბრძნის კბილი
시브르즈니스 끄빌리

잇몸

ნუნა
누나

혀

ენა
에나

목젖

ხორხის შვერილი
호르히스 쉬베릴리

ადამის ვაშლი
아다미스 와실리

입천장

სასა

사사

손가락

თითი

티티

넷째손가락, 약지, 무명지

არათითი

아라티티

엄지손가락, 장지

ცერა თითი

체라 티티

가운데 손가락, 중지

შუა თითი

슈아 티티

집게손가락, 검지

საჩვენებელი თითი

사츠베네벨리 티티

새끼손가락, 소지

ნეკა თითი

네 티티

손톱

ფრჩხილი

프르츠힐리

내장

შინაგანი ორგანოები

시나가니 오르가노에비

창자, 내장

ნაწლავი

나쯜라비

십이지장

თორმეტგოჯა

토르메뜨고자

ნაწლავი

나쯜라비

직장

სწორი ნაწლავი

스쪼리 나쯜라비

맹장

ელენთა

엘렌타

대장

მსხვილი ნაწლავი

므스크빌리 나쯜라비

소장

ვიწრო ნაწლავი

비쯔로 나쯜라비

뼈
ძვალი
즈발리

척추
ხერხემალი
헤르헤말리

무릎
მუხლი
무흘리

늑골, 갈비뼈
ნეკნი
네끄니

턱뼈, 턱
ყბა
크바

어깨
ბეჭი
베찌

팔
მკლავი
므끌라비

손
ხელი
헬리

팔꿈치
იდაყვი
이다크비

가슴, 유방
მკერდი
므께르디

배, 복부
მუცელი
무첼리

등
ზურგი
주르기

옆구리, 신체의측면
გვერდი
그베르디

허리
წელი
쩨리

넓적다리
ბარძაყი
바르자키

정강이, 종아리
წვივი
쯔위위

종아리

წვივი

쯔위위

다리

ფეხი

페히

발바닥

ტერფი

떼르피

동맥

არტერია

아르떼리아

정맥

ვენა

웨나

기관지

ბრონქები

브론케비

간

ღვიძლი

그비즐리

신장, 콩팥

თირკმელი

티르끄멜리

심장

გული

굴리

폐

ფილტვი

필뜨뷔

자궁

საშვილოსნო

사쉴로스노

위

კუჭი

꾸찌

췌장

პანკრეასი

빤끄레아시

편도선

ნუშისებრი ჯირკვალი

누시세브리 지르꽐리

전립선

პროსტატა

쁘로스따다

갑상선

ჩიყვი

치크비

담낭, 쓸개
ნაღვლის ბუშტი
나그블리스 　부스띠

방광
შარდის ბუშტი
샤르디스 　부스띠

기관지
ტრაქეა
드라케아

편도선
გლანდები
글란데비

항문
ანუსი
아누시

분비물
გამონადენი
가모나데니

대변
განავალი
가나왈리

소변
შარდი
샤르디

근육
კუნთი
꾼티

항문
ანუსი
아누시

피부
კანი
까니

피, 혈액
სისხლი
시스흘리

호흡
სუნთქვა
순트크바

신경
ნერვი
네르비

땀
ოფლი
오플리

배꼽
ჭიპი
찌삐

모반, 점

ხალი

할리

키

სიმაღლე

시마글레

세포

უჯრედი

우즈레디

침, 타액

ნერწყვი

네르쯔크비

관절

სახსრები

사흐스레비

체중

წონა

쪼나

혈압

წნევა

쯔네바

가래, 객담

ნახველი

나크벨리

13 병과 질환

ავადმყოფობა და დაავადება

병

ავადმყოფობა

아바드므코포바.

통증

ტკივილი

뜨끼빌리

상처

ჭრილობა

쯔릴로바

구역질

გულისრევა

굴리스레와

타박상

დალურჯება

달루르제바

დალილავება

달릴라베바

피로

დაღლილობა

다글릴로바

알레르기

ალერგია

알레르기아

빈혈

ანემია

아네미아

천식

ასთმა

아스트마

불면증

უძილობა

우질로바

인플루엔자, 독감

გრიპი

그리삐

감기

გაციება, გრიპი

가치에바,   그리삐

설사

დიარეა, ფაღარათი

디아레아,   파가라티

여드름, 뾰루지

გამონაყარი

가모나카리

눈병

თვალის დაავადება

트발리스   다아바데바

전염병

ინფექციური

인페크치우리

დაავადება

다아바데바

피부병

კანის დაავადება

까니스   다아바데바

염증

ანთება

안테바

속쓰림

კუჭის წვა, ძმარვა.

꾸찌스   쯔와,   즈마르바

월경

მენსტრუაცია

멘스뜨루아치아

부스럼, 종기

ძირმაგარა,

지르마가라,

ფურუნკული

푸룬꿀리

코감기

სურდო
수르도

신경통

ნევრალგია
넵랄기아

동상

მოყინვა
모킨바.

졸도, 기절

გულის წასვლა
굴리스 짜스블라

비만

სიმსუქნე
심수크네

화상

დაწვა
다츠바

오한, 한기

გაციება, ციება,
가치에바, 치에바,

კანკალი.
깐깔리

종기, 종양

წამონაზარდი,
짜모나자르디,

სიმსივნე.
심시브네

중독

მოწამვლა
모짬블라

가스중독

გაზით მოწამვლა
가지트 모짬블라

식중독

საკვებით მოწამვლა
사퀘비트 모짬블라

고혈압

ჰიპერტონია
히뻬르또니아

저혈압

ჰიპოტონია
히뽀또니아

현기증, 어지러움

თავბრუსხვევა
타브루스흐베바

장염

ფაღარათი
파가라티

소화불량

დისპესია
디스뻬시아

საჭმლის
사쯔믈리스

მომნელებელი
모므넬레벨리

სისტემის
시스떼미스

აშლილობა
아쉬릴로바

할퀸 상처, 찰과상

გაკაწრული
가까쯔룰리

습진, 수포진

ეგზემა
액제마

우울증

დეპრესია
데쁘레시아

탈골

ღრძობა
그르조바

ნაღრძობი
나그르조비

변비

შეკრულობა
셰끄룰로바

치질

ბუასილი
부아실리

고름

ჩირქი
치르키

편도선염

ტონზილიტი
뜬질리띠

맹장염

აპენდიციტი
아뻰디치띠

부정맥

არითმია
아리트미아

동맥경화증

ათეროსკლეროზი
아테로스끌레로지

당뇨병

შაქარი, დიაბეტი
샤카리, 디아베띠

기관지염

ბრონქიტი
브론키띠

복막염

პერიტონიტი
뻬리또니띠

위염

გასტრიტი
가스뜨리띠

담낭염

ქოლეცისტიტი
콜레치스띠띠

폐렴

ფილტვების ანთება
필뛔비스 안테바

პნევმონია
쁘네브모니아

뇌염

ენცეფალიტი
엔체팔리띠

ტვინის ანთება
뜨비니스 안테바

방광염

ცისტიტი
치스띠띠

신장염

ნეფრიტი
네프리띠

뇌졸중, 졸도

ინსულტი
인술띠

심근경색

მიოკარდიუმის
미오까르디우미스

ინფარქტი (გულის
인파르크띠 (굴리스

შეტევა)
셰때바)

인공호흡

ხელოვნური
켈로브누리

სუნთქვა
순트크바

결석

თირკმლის კენჭები
티르끄믈리스 껜쩨비

담석

ნაღვლის ბუშტის
나그블리스 부쉬띠스

კენჭები
껜쩨비

신장결석

თირკმლის კენჭები
티르끄믈리스 껜쩨비

기침

ხველება
크벨레바

출혈

სისხლდენა
시스흘데나

월경

თვიური
(მენსტრუაცია)
트비우리 (멘스뜨루아치아)

객혈

სისხლის ამოღება
시스흘리스 아모게바

ამოხველება
아모크벨레바

위염

გასტრიტი
가스뜨리띠

당뇨

დიაბეტი
디아베띠

호흡곤란

ქოშინი, ქშინვა
코시니, 크신바

სუნთქვის გაძნელება
순트크비스 가즈넬레바

기생충

პარაზიტი
빠라지띠

마비, 중풍

პარალიჩი
빠랄리치

დამბლა
담블라

심장마비

გულის შეტევა
굴리스 셰떼바

ინფარქტი
인파르크띠

골절

მოტეხილობა
모떼힐로바

მოტეხვა ძვლის
모떼흐바 즈블리스

복막염

პერიტონიტი
뻬리또니띠

폐렴

პნევმონია
쁘네브모니아

ფილტვების ანთება
필뛔비스 안테바

베임, 베인상처

გაჭრა
가쯔라

ნაჭრილობევი
나쯔릴로베비

발작, 경련

კრუნჩხვა
끄룬츠크바

სპაზმი
쓰빠즈미

암

კიბო
끼보

구토

ღებინება
게비네바

გულის რევა
굴리스 레바

류머티즘

რევმატიზმი
레브마띠즈미

멍, 피하출혈

დალურჯებული
달루르제불리

სისხლნაჟღენთი
시스흘나즈겐티

დაჟეჟილობა
다제질로바

경련

სპაზმი
쓰빠즈미

경련, 쥐

გაშეშება
가셰셰바

სპაზმი
쓰빠즈미

결핵

ტუბერკულიოზი
뚜베르꿀리오지

뇌졸중, 졸도

ინსულტი
인술띠

담낭염

ქოლეცისტიტი
콜레치스띠띠

뇌염

ენცეფალიტი
엔체팔리띠

ტვინის ანთება
뜨비니스 안테바

유행병

ეპიდემია
에삐데미아

궤양

წყლული
쯔클루리

위궤양

კუჭის წყლული
꾸찌스 쯔클룰리

눈다래끼

ჯიბლიბო
지블리보

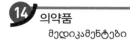

14 의약품
მედიკამენტები

제산제

ანტაციდი
안따치디

아스피린

ასპირინი
아스삐리니

지혈제

სისხლის
시스흘리스

შემაჩერებელი
셰마체레벨리

საშუალება
사슈알레바

소독약

სადეზინფექციო,
사데진페크치오,

ანტისეპტიკური
안띠세쁘띠꾸리

საშუალება
사슈알레바

해열제

სიცხის დამწევი
시츠히스 담쩨비

საშუალება
사슈알레바

관절통에 바르는 물파스

თხევადი მალამო
트케바디　　　말라모

სახსრების
사흐스레비스

ტკივილისთვის
뜨끼빌리스트비스

지사제

დიარეის
디아레이스

საწინააღმდეგო
사찌나아그므데고

საშუალება
사슈알레바

변비약

შეკრულობის
셰끄룰로비스

საწინააღმდეგო
사찌나악므데고

წამალი
짜말리

감기약

გაციების წამალი
가치에비스　　　짜말리

멀미약

ღებინების
게비네비스

საწინააღმდეგო
사찌나악므데고

წამალი
짜말리

립밤

ტუჩის საცხი
뚜치스　　　사츠히

종합비타민제

მულტივიტამინი
물띠비따미니

진통제

გამაყუჩებელი
가마쿠체벨리

საშუალება
사슈알레바

근육관절통에 붙이는 파스

კუნთების და
꾼테비스　　　다

სახსრების ტკივილის
사흐스레비스　　　뜨끼빌리스

გამაყუჩებელი
가마쿠체벨리

პლასტირი
쁠라스띠리

코스프레이

ცხვირის სპრეი
츠크비리스 스쁘레이

인공눈물

ხელოვნური
헬로브누리

ცრემლები
츠레믈레비

수면제

საძილე აბები
사질레 아베비

소화제

საჭმლის
사쯔믈리스

მოსანელებელი
모사넬레벨리

საშუალება
사슈알레바

무좀약

ფრჩხილის სოკოს
프르츠힐리스 소꼬스

წამალი
짜말리

비듬샴푸

ქერტლის
케르뜰리스

საწინააღმდეგო
사찌나아금데고

შამპუნი
샴쁘니

병원

საავადმყოფო
사아바드므코포

환자

პაციენტი
빠치엔띠

중환자

მძიმე პაციენტი
므지메 빠치엔띠

약국

აფთიაქი
앞티아키

약

წამალი
짜말리

치료

მკურნალობა

므꾸르날로바

의사

ექიმი

에키미

간호사

ექთანი

에크타니

수술

ოპერაცია

오뻬라치아

처방전

რეცეპტი

레체쁘띠

주사

ნემსი

냄시

주사기

შპრიცი

스쁘리치

진단

დიაგნოზი

디아그노지

응급처치

სასწრაფო დახმარება

스스쯔라포 다흐마레바

체온

ტემპერატურა

뗌빼라뚜라

구급차

სასწრაფო

사스쯔라포

დახმარების მანქანა

다흐마레비스 만카나

침술

აკუპუნქტურა

아꾸뿐크뚜라

혈액검사

სისხლის ანალიზი

시스흘리스 아날리지

소변검사

შარდის ანალიზი

샤르디스 아날리지

항생제

ანტიბიოტიკი

안띠비오띠끼

붕대

ბინტი
빈띠

반창고, 밴드

პლასტირი
뻘라스띠리

해독제

შხამსაწინააღმდეგო
스캄사찌나악므데고
საშუალება
사슈알레바
ანტიდოტი
안띠도띠

솜

ბამბა
밤바

비타민

ვიტამინი
비타미니

지혈

სისხლდენის გაჩერება
시스흘데니스 가체레바
ჰემოსტაზი
헤모스따지

깁스

გიფსი
기프시

안약

თვალის წვეთები
트발리스 쯔베테비

체온계, 체온기

თერმომეტრი
테르모메뜨리

알코올

სპირტი
쓰삐르띠

혈액형

სისხლის ჯგუფი
시스흘리스 즈구피

수혈

სისხლის გადასხმა
시스흘리스 가다스흐마

연고

მალამო, საცხი
말라모, 사츠히

건강검진, 신체검사
სამედიცინო შემოწმება
사메디치노   셰모쯔메바

진단서
სამედიცინო მოწმობა
사메디치노   모쯔모바

의료보험
სამედიცინო
사메디치노
დაზღვევა
다즈그베바

마취제
ნარკოზი
나르꼬지

수면제
საძილე აბები
사질레   아베비

진정제
დამამშვიდებელი
다맘쉬데벨리
საშუალება
사슈알레바

진통제, 마취제
გამაყუჩებელი
가마쿠체벨리
საშუალება
사슈알레바

지혈
სისხლდენის
시스흘데니스
გაჩერება, ჰემოსტაზი
가체레바,   헤모스따지

진찰
გასინჯვა, გამოკვლევა,
가신즈바,   가모끄블레바,
შემოწმება
셰모쯔메바

MEMO